EL TERRORISMO EN EL SIGLO XX

edicionesmasters@gmail.com

ÍNDICE

Introducción
El nuevo escenario del terrorismo internacional
Nuevas motivaciones
Nuevos apoyos
Nuevas tácticas
Nuevas estructuras
Nuevas armas
Ciberterroristas
Estrategia contra el terrorismo
Extradiciones
Historia reciente del terrorismo
Organizaciones terroristas
El terrorismo en el mundo, distribuido por países
La lucha contra el terrorismo en Europa
Terroristas internacionales
Un terrorista de ayer: Carlos "El Chacal"
Un terrorista reciente: Osama Ben Laden
Apéndice: Medidas de seguridad

Introducción

Sobre el concepto de "terrorismo"

El terrorismo parece un fenómeno nuevo, pero no lo es, pues ha acompañado la evolución histórica de muchas creencias políticas y religiosas que se han servido de él para apoyar sus motivaciones y reforzar su acción con medios y métodos violentos. Lo que sí es cierto es que su importancia ha crecido en las últimas décadas, y sobre todo la percepción social del mismo, hasta llegar a convertirse hoy día en el fenómeno desestabilizador por antonomasia. Un fenómeno que no lleva trazas de acabar sino, más bien al contrario, de convertirse en el "medio" en el que tendrá que ubicarse cualquier propuesta de sociedad futura.

A diferencia de los ejércitos organizados, los terroristas no obedecen a ningún gobierno legalmente establecido, no se rigen por ningún código de honor, no aceptan resoluciones como puedan ser la Convención de Ginebra, ni consideran que el enemigo de su causa deba recibir un trato justo y humanitario. Para ellos el ciudadano normal es tan objetivo de sus armas -y en ocasiones más-, como puedan serlo los militares o policías que les hacen frente, ya que el fin que abiertamente persiguen, conviene dejarlo claro desde el principio, es ocasionar el horror, el pánico y la muerte, cosa que a menudo se consigue mejor con víctimas inocentes que con personal especializado en armas. Tanto esto es así que, en la mayoría de los casos, si no hay víctimas humanas las acciones terroristas se consideran un fracaso, y siempre por la razón apuntada: un edificio destruido por una de sus bombas no causa, desde luego, el mismo horror que si se encuentran personas en su interior. En el primer caso, el "mensaje" que se pretende lanzar con la acción terrorista no llega hasta el fondo de las conciencias, y no puede ser, por tanto, utilizado como moneda de cambio con los dirigentes políticos.

Esto por lo que se refiere a la comparación con los ejércitos modernos; pero ¿qué diferencia hay entre esta fórmula moderna de amedrentamiento terrorista y las antiguas carnicerías militares? ¿No ocurrían también suficientes hechos violentos en la antigüedad, como para poder afirmar que nuestros antepasados también padecieron esta lacra? Julio César, por ejemplo, político, militar y escritor romano que se había convertido en un dictador perpetuo al emprender una política destinada a limitar el poder del Senado, fue asesinado por un grupo reducido de republicanos en el año 44 a. C. Y otro tanto puede decirse de los numerosos magnicidios que recorren la historia. Ahora bien, a diferencia de actos similares de los tiempos modernos, aquellos asesinatos obedecían a una lógica política y, de una u otra forma, podían ser encuadrados en el propio sistema político en vigencia; formaban parte, por así decirlo, de ese mismo sistema. De hecho, nadie los considera terroristas.

Evidentemente, no siempre se trató de hechos aislados o ataques individuales. Espartaco, gladiador romano nacido en el 113 a.C., lideró una revuelta en la escuela de gladiadores de Capua, tras la cual organizó un pequeño ejército de esclavos fugitivos y logró derrotar a las tropas enviadas contra él.

En su marcha hacia Roma, y tras derrotar a las dos legiones del pretor Varilio, Espartaco arrasó las ciudades que hallaba a su paso, pues no quería dejar posibles enemigos a sus espaldas. Sin embargo, históricamente es considerado como un insurgente belicoso y en ocasiones sangriento, pero nunca como un terrorista. Y no porque en su caso se tratara de un ejército organizado, sino porque la causa de su rebelión parece justificada a nuestros ojos, y justificado su cruel método ante la imposibilidad objetiva de lograr la libertad por medios "legales". Esta distinción subsistirá también hoy en ciertos alzamientos populares ante los que la opinión pública se encuentra dividida: suelen ser vistos con favor desde el extranjero, mientras que en el interior del país, y sobre todo por las clases dirigentes, se consideran terrorismo.

El uso del terror ha sido frecuente a lo largo de la historia. Ahora sabemos, por ejemplo, que las sociedades secretas detectadas en algunas culturas tribales mantenían su influencia valiéndose del terror. En el siglo XII, un grupo musulmán ismailí, denominado como los "asesinos', llevó a cabo campañas terroristas contra musulmanes suníes, empleando en ellas tanta agresividad que su sola descripción nos deja todavía hoy perplejos. Y en la época moderna el terrorismo sistemático recibió un gran impulso, a finales del siglo XVIII y comienzos del XIX, con la propagación de las ideologías y los nacionalismos nacidos de la Revolución Francesa, alguna de cuyas etapas fue denominada precisamente "el Terror", con adeptos y detractores de los valores revolucionarios.

Y esto no sólo por lo que a Europa se refiere: también el nacionalismo imperialista que en Japón condujo a la restauración Meiji en 1868 estuvo acompañado de frecuentes ataques terroristas al shogunado Tokugawa, mientras que en el sur de los Estados Unidos de América se creaba el Ku Klux Klan, justo tras la derrota de la Confederación Sudista en la Guerra Civil estadounidense (1861-1865), con el fin de aterrorizar a los antiguos esclavos y a los representantes de las administraciones de la reconstrucción impuesta por el Gobierno Federal Unionista.

A finales del siglo XIX y principios del XX los partidarios del anarquismo realizaron ataques terroristas contra altos mandatarios e incluso contra ciudadanos corrientes, una de cuyas víctimas más notables fue la emperatriz Isabel (Sissi), esposa de Francisco José I, asesinada por un anarquista italiano en 1898. También tuvo un fuerte componente terrorista el movimiento revolucionario ruso existente antes de la I Guerra Mundial, así como el grupo Organización Revolucionaria Interna de Macedonia, la Ustashi croata. En una suerte de anticipación al fenómeno global que constituye en nuestros días, algunos de estos movimientos realizaron sus actividades terroristas más allá de las fronteras de sus respectivos países, recibiendo a veces el apoyo de gobiernos ya establecidos, como fue el caso de Bulgaria o de Italia bajo Benito Mussolini.

Actos igualmente sangrientos y que podríamos englobar como terrorismo por su crueldad fueron, por ejemplo, el hundimiento del trasatlántico británico Lusitania, torpedeado por los alemanes frente a la costa irlandesa y que ocasionó 1.400 muertes; el asesinato de 18 ingenieros norteamericanos y 19 labriegos de Columbus por orden de Pancho Villa; las tácticas guerrilleras de Lawrence de Arabia que permitieron la liberación árabe del yugo otomano, o la matanza de 500 personas, con más 1.500 heridos, por parte de los británicos contra la ciudad de Amritsar, al norte de la India.

¿Se puede llamar todo esto, indistintamente, "terrorismo"? Como decíamos más arriba, la distinción entre actos de guerra y actos terroristas no es siempre clara, o no lo es para todos. Durante las confrontaciones de guerra, los países involucrados emplean para masacrar al enemigo toda clase de recursos y de armamento, de engaños y de sutilezas, aunque la mayor parte de las víctimas sean consideradas como "inocentes". Se podría apuntar una posible diferencia en estos casos según que la guerra haya sido declarada "formalmente" o se realice el ataque sin previo aviso, agresión que tiene su mejor exponente en la masacre deliberada contra la base norteamericana anclada en Pearl Harbor que determinó la entrada de EE.UU. en la II Guerra Mundial. También se empiezan a considerar como actos terroristas las acciones de un grupo armado clandestino que vive dentro del mismo país objeto de su ira, o las matanzas que se extienden más allá de las fronteras contra un país considerado por los terroristas como enemigo, tal y como ocurrió sin previo aviso en la ciudad china de Cantón, duramente bombardeada durante diez días por los japoneses, si en esos países no existen absolutamente caminos alternativos para defender una causa, una ideología.

Aun así, no es totalmente sencillo ponernos de acuerdo sobre el concepto de "terrorismo". Quizá la clave de todo este asunto esté precisamente en la palabra que define el fenómeno: los llamados terroristas se denominan así por el objeto de sus acciones, el terror. A diferencia de los grupos armados que buscan derrotar a una nación enemiga, cambiar un régimen o incluso dar un golpe de estado, el terrorismo necesita como efecto primordial provocar miedo, un miedo que llegue a desconcertar a las personas y aturdir al gobierno. Ese es el efecto principal, el que usará tal vez más adelante como moneda de cambio para conseguir futuros propósitos: pero por el momento el terror es un fin en sí mismo; no sirve para ganar una batalla, ni para derrocar un gobierno. Si fuera eso lo que se pretende se hubiera actuado de otro modo. Lo primordial es crear terror, y cuanto más mejor. Se trata de hacer daño y generar pánico. El efecto pretendido es el pánico en sí mismo; la violencia desatada no persigue un objetivo concreto: sólo más tarde se utilizará ese pánico, más que la violencia en sí, para obtener algún tipo de objetivo.

¿Por qué el asesinato de Eduardo Dato en marzo de 1921 fue considerado un crimen político, el asalto al Palacio de la Moneda de Chile en 1973 un golpe de estado, y el asesinato de Aldo Moro un acto de terrorismo?

Porque el objetivo de este último no era ningún cambio concreto (las pretensiones de los terroristas frente a la Democracia Cristiana italiana eran más bien genéricas y vagas), sino demostrar la ferocidad de las Brigadas Rojas, su capacidad de hacer daño, de crear un estado de pánico generalizado.

En la historia del terrorismo español hay un acto paradigmático que conmovió especialmente a los ciudadanos, y fue el asesinato de Miguel Ángel Blanco. Secuestrado, ultrajado y humillado, fue obligado a ponerse de rodillas para recibir un disparo en la nuca por parte de uno de sus captores. Este acto ocurría después de miles de llamadas a la misericordia que se alzaron en favor de su liberación, incluso por parte del Papa y de organizaciones humanitarias. Ahora sabemos que estas plegarias no solamente no consiguieron ablandar las conciencias de los terroristas, sino que fueron el detonante final que disparó la pistola, pues en ese momento los terroristas ya sabían que su acto ocasionaría el terror y el dolor que buscaban, independientemente de cualquier reivindicación concreta que pudiera atribuirse a su acción.

En cuanto al terrorismo mundial, alcanzó su más alta cota de masacre, dolor y estupor con los atentados suicidas que llevaron al derrumbamiento, el 11 de septiembre de 2001, de las Torres Gemelas de Nueva York. También en este caso estos grupos, siempre minoritarios, no pretendían reivindicar nada en concreto, y de hecho ni siquiera hicieron peticiones posteriores ni nadie se atribuyó la autoría. La finalidad de su aparentemente voluntaria inmolación era crear en la sociedad en general, y en la estadounidense en particular, la sensación de inseguridad, de miedo generalizado y de terror que efectivamente lograron y que todavía permanece.

Confirma este predominio del terror frente a otros objetivos el hecho de que muchas de las presuntas reivindicaciones de los grupos terroristas van, con el tiempo, pasando a un segundo lugar, aunque para conseguir algo de apoyo popular los terroristas suelan seguir empleando palabras que tradicionalmente han conmovido a las gentes, como libertad, justicia, opresión... y no pocas veces hasta mencionan a un dios propio que les reclama actos en donde la sangre es esencial para sus fines, cuando no el honor de un trozo de tela pintado en colores que quién sabe cuándo se definieron, o para robar, que también es suficiente motivo y, por supuesto, uno de los más antiguos. El terror se convierte en una espiral mortífera, en un dios que exige siempre más terror, más muerte, más sangre...

El terrorismo es la mayor degeneración de la crueldad humana. Cuando el hampa inundaba Chicago y Al Capone imponía su ley, el motivo, al menos, estaba claro, pues mataban al competidor, al chivato o al enemigo. Su lucha era también contra la policía insobornable, pero al menos no buscaban la muerte injustificada, la masacre de personas inocentes. Los terroristas actuales son los seres humanos menos justificables, ya que para ellos la muerte y el dolor de sus enemigos no es un efecto colateral inevitable, sino el camino para imponer sus deseos, por lo que rechazan cualquier diálogo y cualquier compromiso que no vaya encaminado a poner de rodillas a las personas.

Al terrorista tampoco le preocupa, sean cuales sean sus proclamas, el bienestar de la gente, ni ahora ni en el futuro. Si así fuera, utilizarían otros medios no violentos a su alcance para defender su causa, cosa que en la mayoría de los casos no sucede. Entre otras cosas, porque saben que su fuerza es pequeña, que no cuentan con un vasto apoyo, y que una actitud menos violenta les restaría protagonismo. De donde se deduce que, como decíamos, la verdadera causa de los terroristas es el terror en sí; cosa que antes o después acaba poniéndose en evidencia en cualquier movimiento terrorista de cualquier parte del mundo.

Todo lo dicho, y cualquier explicación que se quiera dar de este fenómeno, no oculta sin embargo el hecho de que el terrorismo, a nivel mundial, no hace sino incrementarse. Un análisis del material que proporcionamos en este libro basta para ver la magnitud del fenómeno, oculta a veces por la inmediatez del último atentado o del movimiento terrorista que la prensa en cada momento, y no siempre por razones claras, decide privilegiar. El terrorismo crece y se hace cada día más peligroso[1].

Tienen razón, desde luego, quienes están convencidos de que con una mejor distribución de la riqueza a nivel mundial y una mayor justicia, muchos movimientos terroristas perderían cualquier motivación y sin duda también muchos adeptos. Pero eso no debe empañar nuestra percepción del terrorismo en sí como un mal, ni nos disculpa de propiciar por medios pacíficos esa mejor distribución y justicia, so pena de pasar a engrosar el número de aquellos que, por pereza y falta de compromiso, acaban poniendo armas, dialécticas y de las otras, en las manos de los terroristas.

---

[1] Este incremento incesante hará que, por desgracia, los datos de este libro resulten en breve obsoletos y deban ser actualizados. El lector sabrá disculpar ausencias de última hora.

EL NUEVO ESCENARIO DE TERRORISMO INTERNACIONAL

¿Quién dirige a los terroristas internacionales? ¿Cuáles son sus motivos? ¿Cómo consiguen sus apoyos? Las respuestas a estas preguntas han cambiado significativamente durante los últimos 25 años, pues ahora hay menos grupos terroristas internacionales que en los años 80, aunque sus actos ocupen más titulares en los medios de comunicación. Muchos de los grupos que atacaron los intereses de América y Europa, sus amigos y aliados, han desaparecido. El bloque soviético, que una vez proporcionó apoyo a los grupos terroristas, no existe ya, y países que antes excusaron al terrorismo ahora lo condenan. A pesar de lo cual, la sensación de inseguridad causada por el terrorismo es mayor que en el pasado.

Nuevas motivaciones

También han cambiado las motivaciones, pues las personas se convierten hoy en terroristas por razones nuevas y distintas de lo que lo hacían en el pasado. Muchos actúan por convicciones políticas, ideológicas, o territoriales, aunque la mayoría son esencialmente criminales que podrían efectuar sus atentados por motivos simplemente económicos o de venganza. Otros se hacen terroristas debido a la opresión percibida o a las privaciones económicas, siendo estos grupos los más fáciles de reconvertir a la democracia, aunque para los jueces no haya ninguna causa justificable para ejercer el terrorismo y la matanza de personas. Pero la mayor novedad del terrorismo mundial por lo que a motivaciones se refiere parece ser la religiosa, algo que no ocurría desde hacía muchos siglos, y así vuelven a abrirse en diversas partes del mundo las viejas hostilidades entre cristianos y musulmanes, a menudo confundidas entre el occidente opulento y el resto del mundo, con mayor intensidad que nunca.

Nuevos apoyos

Paralelamente, y aunque la mayoría de los países del mundo son más firmes ahora contra el terrorismo que en el pasado, los pocos que aún lo apoyan ofrecen mucha más ayuda bélica que antes. Irak podría ser el caso más claro, ya que es casi seguro que el propio gobierno proporcione ayuda y dirección a terroristas; pero no menos sucede con Siria, Sudán, y posiblemente Afganistán, que otorgan también refugio, entrenamiento y armas a los terroristas; sin olvidar a Libia, que continúa proporcionando apoyo a algunos grupos armados palestinos. Corea del Norte, por su parte, todavía parece proporcionar armas a los terroristas, y Cuba es al parecer un santuario para algunos, aunque no existan pruebas de que les dé apoyo armamentístico o entrenamiento.

Nuevas tácticas

La amenaza terrorista también está cambiando en su modo de operar, y cada vez es más peligroso y difícil oponerse a ellos, especialmente cuando atacan a las personas en países extranjeros.

Las fronteras están actualmente más abiertas que nunca -Europa es un ejemplo de ello- y los ataques terroristas son cada vez más internacionales. Unido a esto, los atentados son más letales y buscan causar el mayor daño posible a la población civil, pues aunque los terroristas saben que con ello perderán apoyo público, lograrán sin embargo su objetivo principal: llamar la atención e intimidar a los gobiernos.

Un porcentaje creciente de los ataques terroristas se diseña en la actualidad no para atentar contra personalidades individuales, sino para matar al mayor número posible de personas, y solo en los años noventa los actos terroristas han causado más muertes que en todas las décadas anteriores. El primer ataque al World Trace Center de Nueva York (1993) ocasionó seis muertos y 1.000 heridos aproximadamente, pero cuando el ataque se repitió contra las Torres Gemelas en el 2001 los muertos fueron miles (más de tres mil, según una estadística nunca aclarada del todo). Ya en 1995, las autoridades filipinas habían destapado una trama terrorista que pretendía derrumbar once aviones de transporte de EE.UU. en Asia, además de abortar un secuestro masivo el día de fin de año. Los ataques en el extranjero contra los Estados Unidos en recientes años han seguido la misma tendencia, y las bombas que destruyeron los cuarteles militares en Arabia Saudita y dos embajadas americanas en África, por ejemplo, infligieron 6.059 heridos. Los arrestos posteriores en Jordania permitieron conocer que se había planeado causar un gran número de muertos.

Nuevas estructuras

La tendencia hacia atentados más cruentos refleja, en parte, la fría programación con la que actúan los terroristas de hoy. Y esa programación presupone una organización y una estructura que ya pocos ponen en duda. Los grupos terroristas religiosamente motivados, como el que lidera Osama Ben

Laden, al-Qaeda, agrupan y dan cuerpo a una tendencia creciente a convertir en muertos el odio a los Estados Unidos, mientras que otros grupos terroristas son manejados por sus líderes con visiones de un futuro apocalíptico o a través del odio étnico.

El cambio en las motivaciones terroristas ha contribuido a una modificación en la manera en que algunos grupos terroristas internacionales se estructuran. Puesto que están basados en fuertes motivos ideológicos o religiosos, no ofrecen una alternativa real de organización, y tienen menos necesidad de una estructura jerárquica. En cambio, pueden confiar en afiliaciones y agrupamientos oportunistas con grupos igualmente dispuestos a hacer daño al país objeto de sus rencores, aunque en principio no formen parte de "sus filas" ni obedezcan a los mismos líderes.

Al-Qaeda es sin duda la organización terrorista transnacional mejor conocida. Además de seguir su propia campaña terrorista, cuenta con numerosos grupos de militantes que comparten algunas de sus creencias ideológicas y que apoyan su campaña violenta contra los Estados Unidos en particular y occidente en general, sin pretender establecer un gobierno de ningún tipo o una alternativa que no sea la puramente religiosa.

Pero no creamos que al-Qaeda y sus creencias político-religiosas extremistas, ni su líder Osama Ben Laden son únicos. Si al-Qaeda y Ben Laden llegasen a desaparecer mañana, occidente todavía se enfrentaría a amenazas terroristas semejantes de un número creciente de grupos opuestos a la hegemonía occidental. Es más, las nuevas amenazas terroristas pueden surgir de repente de conspiraciones aisladas o cultos oscuros sin una historia anterior de violencia.

Al poseer una afiliación tan débil, las redes terroristas transnacionales son difíciles de predecir, rastrear y anular. Ellos, por su parte, confían en una variedad de fuentes para consolidar y lograr apoyo logístico, incluyendo autofinanciación mediante secuestros, venta de narcóticos o pequeños delitos criminales. Últimamente incluso emplean Internet como medio perfecto para comunicarse.

Nuevas armas

Las armas y los explosivos convencionales han seguido siendo las opciones hasta ahora más empleadas por la mayoría de los terroristas, pues causan mucho daño y pueden ser relativamente fáciles de adquirir y usar. Pero algunos grupos terroristas muestran ahora interés por adquirir la capacidad para usar elementos químicos, biológicos, radiactivos o nucleares, cuyo manejo necesita de pocas personas. Además, estos tipos de armas y materiales pueden ser proporcionados por un país sin que nadie sepa su procedencia, lo que dificulta la respuesta al ataque. Por fortuna, las posibilidades de causar una matanza masiva son, por ahora, pequeñas si las comparamos con los ataques con bombas. La desventaja es que los agentes biológicos pueden obtenerse de la propia naturaleza o en otros lugares apenas protegidos, si bien su posterior preparación y manejo requiere personal especializado.

En 1995 la propagación de un agente químico en el metro de Tokio demostró las dificultades que los terroristas tienen todavía para usar armas químicas que pudieran generar accidentes en masa. Aunque el grupo terrorista usó en aquella ocasión datos técnicos muy experimentados, se hubieran necesitado millones de dólares para haber logrado una matanza de miles de personas. Ese mismo grupo falló clamorosamente cuando intentó lanzar un ataque de ántrax en Tokio. Sin embargo, si la meta de los terroristas es alterar el sentido de seguridad y de confianza de un colectivo (recuérdese lo que decíamos en la introducción), un pequeño ataque químico, incluso fallido, podría constituir un éxito. Actualmente, cinco de las siete naciones identificadas como patrocinadoras de terrorismo tienen programas para desarrollar armas de destrucción masiva. Ahora bien, un Estado que a sabiendas proporcione agentes de destrucción masiva o tecnología a un grupo terrorista debe preocuparse por su control, pues el daño puede volverse con facilidad contra ellos mismos.

Los gobiernos están especialmente preocupados sobre la falta persistente de seguridad del material nuclear de la antigua Unión Soviética, ya que, según datos, el riesgo de accidente nuclear es ahora más alto que nunca.

El peligro aumentó con la guerra en Chechenia, en donde muchos terroristas islámicos simpatizantes con Osama Ben Laden podrían haber obtenido material radiactivo procedente de Moscú.

Ciberterroristas

Los ataques informáticos efectuados por *hackers* son considerados todavía como poco preocupantes en el ámbito del terrorismo internacional, pero no han faltado expertos que han publicado ya serias advertencias sobre el impacto potencial de un ataque informático en cualquier país. Sabemos que algunos expertos en ordenadores y delincuentes se han aprovechado ya de las diversas vulnerabilidades de los equipos informáticos, y un ataque terrorista convencional junto con un ataque más coordinado a nivel mundial, podría ocasionar un daño exponencial. Por ello los gobiernos mundiales empiezan a requerir que los juristas consideren los ataques informáticos al mismo nivel de gravedad que los ataques terroristas, castigando con penas muy duras a sus autores.

Estas personas pueden llegar a ser pronto los terroristas más peligrosos de toda la historia de la Humanidad, y eso a pesar de que no empleen bombas reales ni otros medios convencionales. Sus actividades cruzan las fronteras en pocos segundos, no necesitan apenas logística, ni dinero, ni con frecuencia respaldo de grupos subversivos. Pueden operar en solitario y desde una sencilla habitación de un hogar normal, mientras que los gobiernos afectados por sus ataques ni siquiera pueden ponerles sanciones económicas, ni enviarles a sus mejores soldados, ni mucho menos bloquear las fronteras del país donde residen. Es más, muchas veces viven en el mismo país al que hacen daño. Tampoco los ciberterroristas reivindican nada, ni suelen militar en grupos de presión, ni siquiera ecológicos, por lo que su labor, tan individual, apenas tiene castigo penal. Pueden hacerse con los datos de millones de personas, bloquear el acceso a cuentas corrientes, borrar datos en los archivos del gobierno, o paralizar la centralita informática de un aeropuerto. Medidas todas capaces de causar el mismo o mayor horror del que puede ocasionar una matanza convencional. Hoy posiblemente no consigan hacer todo esto con demasiada eficacia, pero mañana seguro que lo lograrán.

Según la empresa Riptech, expertos en seguridad informática, en el año 2002 se contabilizaron al menos 180.000 sabotajes informáticos contra los Estados Unidos, algunos posiblemente provenientes de grupos terroristas albergados en Irak, Cuba, Irán y Sudán. El 34% de los ataques, muchos incluyendo virus tipo gusano (*worm*) y la saturación de los servidores, fueron contra empresas públicas, mientras que las instituciones gubernamentales soportaron un 27%. Igualmente significativos fueron los ataques informáticos contra las compañías de energía eléctrica, con un 20%, la mayoría tipificados como "muy agresivos".

ESTRATEGIA CONTRA EL TERRORISMO

¿Qué pueden hacer los Estados ante una amenaza creciente como la del terrorismo que, desde luego, no lleva visos de ir a menos? Desde los años ochenta, los Estados Unidos y Europa han basado su política contra el terrorismo en cuatro pilares:

1. No hacer concesiones jurídicas ni políticas a los terroristas.
2. Hacer que los terroristas comparezcan ante la justicia para dar cuenta de sus crímenes.
3. Aislar y presionar a los Estados que patrocinan el terrorismo para obligarles a que cambien su conducta.
4. Mejorar las capacidades antiterroristas de los países que trabajan contra esta lacra y que requieren ayuda.

Los usos gubernamentales de estas herramientas nos llevan en primer lugar a la diplomacia, un instrumento importante, ya que la ayuda a otras naciones y las sanciones a las culpables siempre mitigan los actos terroristas. La entrada en vigor de acuerdos en este sentido es a menudo inestimable en la investigación y aprehensión de terroristas, pues aunque la fuerza militar y las sanciones económicas pueden evitar nuevos ataques terroristas (el castigo es imprescindible para hacerles desistir), la amenaza terrorista cambiante requiere el uso contemporáneo de varias herramientas y el desarrollo de nuevas políticas.

Todos los gobiernos quieren poner a los terroristas tras las rejas, pero eso no es suficiente para que el país que financia a estos terroristas desista de ello. La seguridad nacional no queda cubierta por el solo hecho de encarcelar a diez o cien terroristas de un país lejano, pero ahora sabemos que las sanciones y el aislamiento de Libia, por ejemplo, pueden haber contribuido de manera eficaz a la reducción de sus actividades terroristas.

Los terroristas internacionales deberían estar convencidos de que cada vez les será más difícil encontrar refugio a nivel de estados, y que su libertad de movimientos poco a poco quedará reducida a su propio país. Es cierto que hay naciones que no albergan a grupos terroristas mundialmente declarados, pero tampoco cooperan en la lucha contra ellos, quizá por miedo a ser sus próximas víctimas o porque en el fondo no los consideran auténticos terroristas. Una de estas naciones fue Afganistán, y el tiempo demostró que durante muchos años esta actitud suya fue la primera amenaza para la paz mundial. En 1996 nadie podía sospechar que en sus tierras se estuviera fraguando la mayor masacre de la historia y que sus campos de entrenamiento para terroristas fueran cada vez más numerosos y activos.

Otros dos países que ofrecen poca ayuda real para la lucha contra el terrorismo son Pakistán y Grecia, este último miembro incluso de la OTAN. Pakistán ha cooperado con la lucha antiterrorista en ciertos momentos (últimamente algo más), pero no de forma consistente. En 1995, por ejemplo, arrestó y pidió a los Estados Unidos la extradición de Ramzi Ahmed Yousef, que había sido el cerebro del primer atentado al Word Trade Center en 1993.

En diciembre de 1999 la cooperación de Pakistán era vital para luchar contra el terrorismo islámico pero, aun así, proporcionó tránsito y apoyo moral, político y diplomático a varios grupos comprometidos con el terrorismo, incluso a ul-Mujahidin Harakat (FTO), que había sido designada ya como una organización terrorista, y que habían sido los responsables de secuestrar y asesinar a los turistas en Cachemira.

Grecia, por su parte, ha sido demasiado pasiva en su respuesta a las actividades terroristas, y de hecho es considerada por EE.UU. como "uno de los eslabones más débiles en el esfuerzo de Europa contra el terrorismo". Desde 1975 se han efectuado 146 ataques terroristas contra americanos o intereses americanos en Grecia, y sólo un caso se ha resuelto, sin que existan indicios de cualquier investigación significativa en los casos restantes. Entre los sucesos irresolutos están los ataques de la Organización Revolucionaria 17 noviembre, que ha asumido la responsabilidad por las muertes de 20 personas desde 1975, sin que hasta hoy las autoridades griegas hayan nunca arrestado a un miembro del este grupo. El grupo izquierdista turco DHKP-C ha asesinado a cuatro personas extranjeras desde 1979 y ha mantenido una oficina en Atenas a pesar de las protestas de Estados Unidos, obteniendo también ayuda gubernamental el líder del PKK.

Extradiciones

Actualmente no es todavía fácil extraditar a un terrorista refugiado en otro país, incluso aunque existan contra él cargos muy serios o de asesinato masivo. Paradójicamente, un delito económico mueve con más rapidez los resortes judiciales de todos los países, y el ladrón o estafador es perseguido sin problemas por la INTERPOL o el FBI, consiguiéndose rápidamente su detención y extradición.

El año 1993 fue especialmente significativo en este aspecto, pues se denunció la facilidad con la que los terroristas internacionales entraban y operaban sin problemas en los Estados Unidos. Pero tuvieron que pasar todavía tres años hasta que el Congreso de ese país estableció la extradición de terroristas extranjeros (ATRC), autorizando el uso de la información secreta que involucraba a esos sospechosos. La ley, sin embargo, mantuvo demasiadas prerrogativas para el acusado, incluyendo la cláusula de que el extranjero podía revisar varias veces su caso, evitando así la extradición. Para los extranjeros legalmente admitidos con residencia permanente, la ley permitía el uso de abogados especiales para que revisaran los requerimientos del país afectado, llegándose a dar el caso de que la mayoría de las veces no se conseguía la extradición porque se cuestionaba la veracidad de las afirmaciones del país reclamante. La palabra del terrorista tenía más valor ante los tribunales que los documentos de la policía extranjera. Es por ello que el ATRC apenas se ha usado. Paradójicamente, en el caso de entrada ilegal de una persona su deportación puede ser mucho más rápida que si está acusado de terrorismo.

HISTORIA RECIENTE DEL TERRORISMO

La monstruosidad de algunos atentados recientes puede hacernos olvidar lo que nunca se debería olvidar, la larga cadena de delitos perpetrados por los terroristas. Además de los que aparecen a los largo de este libro, recordaremos a continuación algunos de los más importantes en los últimos veinte años, clasificados cronológicamente.

1981: El Jihad, grupo extremista islámico, asesina al Presidente egipcio Anwar al-Sadat.

1983: El 23 de octubre, 243 infantes de la Marina de los Estados Unidos fueron asesinados al estallar un camión-bomba en el Líbano. Ese ataque puso fin a su misión de ayudar a establecer la paz para el pueblo del Líbano.

1985: El 13 de junio, varios terroristas secuestraron el vuelo 847 de la TWA, mataron a Robert Stethem (buzo de la Marina) y dejaron caer su cuerpo sobre la pista de despegue. Ese mismo año, El Frente de Liberación de Palestina se hace responsable del secuestro del buque de recreo "Achille Lauro".

1986: En abril estalló una bomba terrorista a bordo del vuelo 840 de TWA. María Stylian Klug y su niña de meses Demetra fueron expulsadas del avión y murieron, al igual que otras personas, al caer desde una altura de varios millares de pies.

1988: El 14 de abril, a las ocho de la noche, un automóvil-bomba estalló frente al *USO Club* en Nápoles. La explosión causó la muerte de cinco personas, entre ellas una mujer del servicio militar de los Estados Unidos. También resultaron heridas quince personas, incluidos cuatro militares estadounidenses. El 9 de abril de 1993 Junzo Okudaira, integrante del Ejército Rojo Japonés, fue acusado en los Estados Unidos de ese atentado. Okudaira es también sospechoso de un ataque con mortero y de la explosión del automóvil-bomba perpetrados ambos contra la embajada de los EE.UU. en Roma, en junio de 1987.

1988:
El 21 de diciembre, 259 personas a bordo del vuelo 103 de Pan Am y once más en tierra, en Lockerbie, Escocia, murieron a causa de un brutal atentado terrorista.

1993: Aproximadamente a las 12 del mediodía del 26 de febrero, una gran explosión hizo tambalear al World Trade Center en la ciudad de Nueva York, causando daños materiales por varios millones de dólares. Los terroristas que originaron la explosión asesinaron a seis personas inocentes, lesionaron a más de 1.000, y unos escolares aterrorizados quedaron atrapados en un ascensor lleno de humo durante horas.

1993: El 25 de enero, Mir Aimal Kansi -natural de Pakistán- asesinó a dos personas y lesionó a tres más. Sin advertencia ni provocación alguna disparó con un rifle de asalto AK-47 contra unos automóviles que se habían detenido en un semáforo frente a la sede central de la Agencia Central de Inteligencia (CIA). El ataque ocurrió por la mañana, durante las horas de mayor tráfico. Kansi salió de los Estados Unidos inmediatamente después del ataque, y estuvo huyendo hasta que fue capturado en Pakistán, siendo ejecutado el 14 de noviembre de 2002.

1995: El Dr. Donald Hutchings, respetado médico estadounidense, fue secuestrado por desconocidos el 4 de julio durante una excursión con su esposa por las montañas de Cachemira, territorio disputado por India y

Pakistán. Han pasado varios años y aún no se tienen noticias del Dr. Hutchings, ni de Keith Mangan, como tampoco de Paul Wells y Dirk Hasert (ciudadanos inglés y alemán, respectivamente) que se cree estaban con el Dr. Hutchings. Hans Christian Ostro, de Noruega, también secuestrado, parece que fue asesinado por sus captores.

1995: El 8 de marzo, en Karachi, Pakistán, varios terroristas armados con rifles automáticos hirieron a un empleado y asesinaron a dos más del Consulado de los EE.UU. cuando viajaban en una furgoneta.

1996: En diciembre, 14 miembros de Movimiento Revolucionario Tupac Amaru ocuparon la residencia del Embajador japonés en Lima (Perú) y retuvieron a 72 rehenes durante más de cuatro meses. En abril del año siguiente las fuerzas peruanas rescataron a todos los rehenes, menos a uno, y dieron muerte a los 14 miembros del grupo asaltante.

1996: Entre diciembre de 1996 y enero de 1997, dieciséis cartas-bomba que parecían tarjetas de Navidad fueron enviadas por correo a destinatarios en los Estados Unidos y en el Reino Unido. Trece de esas cartas-bomba se recibieron en las oficinas del periódico Al

Hayat en las ciudades de Nueva York y Washington D.C. Uno de los explosivos estalló en Londres y lesionó gravemente a dos personas, mientras que tres de esas cartas se hallaron en la Cárcel Federal de Leavenworth, Kansas, EE.UU. Todas llevaban el sello postal de Alejandría, Egipto, la fecha del 21 de diciembre de 1996, y no tenían remite. Los explosivos estaban en sobres blancos con direcciones impresas por ordenador.

1997: La mañana del 12 de noviembre, Ephrahim C. Egbu, Joel B. Enlow, William L. Jennings y Tracy L. Ritchie, empleados de la compañía petrolera Union Texas (UTP), que estaban asignados temporalmente en Karachi, fueron recogidos en el Hotel Sheraton por el conductor paquistaní Anwar Mirza para ser llevados a la sede central de la UTP ubicada en el puerto.
Cuando la furgoneta en la que viajaban iba a cruzar el único puente que conectaba con el edificio de oficinas de la UTP, un automóvil Honda Civic de color rojo se interpuso al paso de la furgoneta. De dicho automóvil salieron dos hombres armados que abrieron fuego contra la furgoneta y asesinaron al conductor y a los pasajeros.

1997: Un atentado terrorista perpetrado por la organización egipcia al-Gama'a, da muerte en noviembre, en Luxor, a 58 turistas extranjeros, promoviendo una caída espectacular del turismo en aquel país.

1998: Se cree que Osama Ben Laden, Muhammad Atef, Mustafa Mohammed Fadhil, Fazil Abdullah Mohammed, Ahmed Khalfan Ghailani, Fahid Mohammed Ally Msalam y Sheikh Ahmed Salim Swedan, además de otras personas (algunas ya en prisión), son responsables de la colocación de bombas en las embajadas estadounidenses de Dar es-Salaam (Tanzania) y Nairobi (Kenya) el 7 de agosto de 1998. Esos ataques terroristas mataron indiscriminadamente a 224 civiles inocentes e hirieron a más de 5.000 personas, considerándose como probable que todos los terroristas fueran integrantes de una conspiración delictiva internacional dirigida por Osama Ben Laden.

1998: El RIRA asume la responsabilidad del atentado en Omagh, Irlanda del Norte, que el 15 de agosto mató a 29 personas e hirió a 220.

1999: El 1 de marzo, unos 100 soldados atacaron a varios turistas desarmados y a sus guías en el Parque Nacional Bwindi de

Uganda. Ese mismo día, otros grupos fueron asaltados, tomados como rehenes y obligados a marchar rumbo a la República Democrática del Congo. Un ciudadano de Uganda, Paul Ross Wagaba, fue quemado vivo, y ocho de las víctimas, incluidos los estadounidenses Susan Miller y Robert Haubner, murieron brutalmente a garrotazos. En sus mensajes escritos, los soldados alegaron razones políticas y racistas para la comisión de esos actos salvajes.

1999: En diciembre, el líder de JEM (Ejército de Mahoma, Pakistán), Masood Azhar, es liberado de su encarcelamiento indio a cambio de 155 rehenes de las Aerolíneas indias secuestrados en Afganistán.

2000: El 12 de octubre, varios terroristas a bordo de una embarcación atacaron el USS Cole que estaba anclado en el puerto de Adén, Yemen. En ese ataque murieron 17 marineros y resultaron heridos más de 30.

2001: Procedente de cepas empleadas posiblemente en Afganistán e incluso en los Estados Unidos, y que debían servir para elaborar la vacuna, algunas industrias significativas norteamericanas, entre ellas la popular Microsoft, han sido objeto de la llegada de esta peligrosa bacteria cuya infección puede causar la muerte. Aunque el daño material y humano es muy reducido con respecto a un atentado con bombas, la psicosis generada en la población es muy alta, pues todos se sienten objetivos de los terroristas.

2001:
Un ataque terrorista contra las fuerzas multinacionales de mantenimiento de la paz en Dahrán efectuado en junio en Arabia Saudita, causó 19 muertos y centenares de heridos entre los mantenedores de la paz, procedentes de varios países, que aplicaban allí las sanciones de las Naciones Unidas. Sus autores pertenecen al Saudi Hizbollah, un grupo radical de musulmanes chiítas.

2001: 11 de septiembre. Un Boeing 767 comercial de American Airlines que viajaba desde Boston hacia Los Ángeles se estrelló contra una de las dos Torres Gemelas de Nueva York, la denominada Norte. El avión había sido secuestrado en pleno vuelo a las 8.45 hora local. A las 9.03 horas, dieciocho minutos después, una aeronave de la compañía United Airlines impactaba contra la segunda torre, la Sur. Las explosiones de los aparatos provocaron sendos incendios en las Torres, cuyas llamas podían ser vistas desde las avenidas centrales de Manhattan. La cifra de víctimas, absolutamente provisional, se elevó en un primer momento a tres mil muertos y más de 1.000 heridos, entre los que hay que contar los miembros del cuerpo de bomberos que estaban intentando evacuar el edificio. En el World Trade Center, emblemático centro financiero y símbolo del capitalismo, trabajaban todos los días 50.000 personas.

La Torre Sur del World Trade Center, la segunda que recibió el impacto, se derrumbó a las 10.05 hora local, mientras que a las 10.28 horas lo hizo la conocida como Norte, que había sufrido el atentado en primer lugar. Multitud de personas pertenecientes a los equipos de salvamento trabajaron en las tareas de primeros auxilios en la base de los rascacielos, mientras que gran parte de la isla de Manhattan quedó envuelta bajo una densísima nube de humo. El área del distrito afectado por la explosión estuvo acordonada durante varias semanas.

La capital estadounidense, Washington D.C., en donde un tercer avión se estrelló a las 9.45 contra el edificio del Pentágono, fue acordonada por el ejército del país, declarándose el estado de emergencia. El edificio, que tuvo que ser evacuado inmediatamente, quedó envuelto en llamas y poco tiempo después se derrumbó parcialmente (sobre este atentado circulan versiones contradictorias).

El desconcierto que se apoderó de la población civil en las dos ciudades de la costa este de EE.UU. se extendió a todo el mundo, al mismo tiempo que nuevas amenazas de bomba se sucedían a lo largo de la tarde en distintas ciudades y foros, así como llamadas telefónicas poco fiables que reivindicaban los ataques en nombre de inexistentes organizaciones terroristas. Todos los Gobiernos del mundo occidental reforzaron desde entonces las medidas de seguridad.

2002: El petrolero francés Limburg, fue objeto de un atentado similar al del Buque USS Cole, a seis kilómetros del mismo puerto yemení.

2002: Una potente bomba colocada en una discoteca de Kuta (Bali), a 945 kilómetros de Yakarta, además de otras de menor potencia en un bar y cerca del consulado norteamericano en Sanur, ocasionaron 187 muertos y 300 heridos.

2004: Los **atentados del 11 de marzo de 2004** (conocidos también por el numerónimo **11-M**) fueron una serie de ataques terroristas en cuatro trenes de la red de Cercanías de Madrid llevados a cabo por terroristas yihadistas, aunque la autoría nunca pudo ser confirmada. Se trata del segundo mayor atentado cometido en Europa hasta la fecha, con 10 explosiones casi simultáneas en cuatro trenes a la hora punta de la mañana (entre las 07:36 y las 07:40). Más tarde, tras un intento de desactivación, la policía detonaría, de forma controlada, dos artefactos que no habían estallado, desactivando un tercero que permitiría, gracias a su contenido, iniciar las primeras pesquisas que conducirían a la identificación de algunos los autores. Fallecieron 191 personas, y 1.858 resultaron heridas.

ORGANIZACIONES TERRORISTAS

Como ya advertimos en la introducción, no siempre es fácil distinguir entre organización terrorista y movimientos que en su desesperación asumen como último recurso la lucha armada. En este capítulo, de todos modos, presentaremos alfabéticamente las organizaciones de mayor relieve que son consideradas habitualmente como terroristas, proporcionando de cada una de ellas una breve descripción, sus características y las actividades más significativas llevadas a cabo[2].

---

[2] La fuente de datos de esta sección procede en su mayor parte del departamento de información del FBI, al que cualquier lector interesado puede dirigirse llamando a la oficina local (Dirección Federal de Investigación), al Servicio de Seguridad Diplomática (teléfono 1-800-437-6371), o escribiendo a la dirección siguiente:
Rewards for Justice
P.O. Box 96781
Washington, D.C. 20090-6781, USA

AID AL-QAEDA
Al-Qaida
Descripción
Fue creada por Osama Ben Laden en los años 80 para reunir a los árabes que lucharon en Afganistán contra la invasión soviética. Las finanzas de este millonario sirven para reclutar extremistas islámicos contra la Alianza del Norte (la resistencia afgana actualmente en el poder), y su meta es establecer un califato islámico a lo largo del mundo, buscando grupos islámicos que deseen luchar contra todo lo que ellos juzgan como no islámico. Esto incluye a todo el mundo occidental, así como a los habitantes no musulmanes de los países árabes. La declaración emitida en febrero de 1998 bajo el estandarte de "Frente Islámico Mundial contra los judíos y cruzados", proclamó que era deber de todos los musulmanes matar en cualquier lugar del mundo a los ciudadanos norteamericanos -civiles o del ejército- y a sus aliados.

El jefe de la estructura militar es el yemení Rarnzi Ben Al Shibh, detenido en septiembre de 2002 cuando se sospecha que estaba preparando nuevos atentados contra bases militares norteamericanas y de la OTAN. Al parecer, pudo ser el responsable directo de los ataques del 11 de septiembre de 2001 contra Washington y Nueva York.

Actividades

- Trazaron un plan bien elaborado para llevar a cabo acciones terroristas contra EE.UU. y los turistas israelíes que visitaban Jordania durante las celebraciones del milenio, aunque las autoridades jordanas frustraron los ataques planeados y detuvieron a 28 sospechosos.
- En agosto de 1998 dirigieron los ataques contra las Embajadas americanas en Nairobi (Kenia), y Dar es-Salaam (Tanzania), donde murieron casi trescientas personas y fueron heridas más de 5.000.
- Aseguran haber disparado contra los helicópteros americanos de la misión de paz establecida en Somalia en 1993, y dirigido tres ataques contra las tropas americanas en Adén, Yemen, en diciembre de 1992.
- Han urdido también los siguientes planes frustrados: asesinato del Papa Juan Pablo II durante su visita a Manila en 1994 (y, al parecer, también en 1999, para una visita a Filipinas que no llegó a realizarse); ataques simultáneos contra las Embajadas americana e israelí en Manila y en otras capitales asiáticas en 1994; colocación de una docena de bombas en vuelos internacionales americanos en 1995, y asesinato del Presidente Clinton durante una visita a Filipinas en 1995. Continúan

entrenando, financiando y proporcionando apoyo logístico a numerosos grupos terroristas.
Pero su acción terrorista más conocida fue la planificación y apoyo para los atentados contra las Torres Gemelas y el Pentágono en el 2001 (Véase más arriba). El grupo se reorganizó en octubre de 2002, ocasionando la muerte de un marine norteamericano que se encontraba de maniobras en el norte de Kuwait, en donde también resultaron muertos los dos terroristas implicados y herido otro marine.

Fuerza

Pueden ser entre varios centenares y varios miles de miembros. Además, sirve como punto focal u organización tapadera para una red mundial que incluye a muchos grupos extremistas islámicos, como el Jihad islámico egipcio, algunos miembros de al-Gama'a al-Islamiyya, el Movimiento islámico de Uzbekistán, el ul-Mujahidin de Harakat, y otros.

Localización/área de funcionamiento

Al-Qaeda tiene alcance mundial y células, activas y en reserva, en varios países, que se ven reforzadas por sus lazos con otras redes extremistas. Ben Laden y sus lugartenientes principales posiblemente aún residan en Afganistán, pues hay noticias de que siguen manteniendo allí su entrenamiento terrorista. Hasta el ataque de Norteamérica estuvieron apoyados logística y militarmente por los talibanes[3] en el poder.

Ayuda externa

Ben Laden, hijo de un multimillonario de familia saudita, se dice que ha heredado

---

[3] Los talibanes surgieron en Afganistán en 1994 cuando, después de la retirada de las tropas soviéticas en 1989, la única alternativa política era la comunista, por entonces totalmente desintegrada. En ese momento solamente quedaban los viejos líderes de la resistencia, hostiles entre ellos y desacreditados, por lo que fue relativamente sencillo para los talibanes barrer los pocos restos del viejo liderazgo pashtún que quedaban y hacerse con el poder.

Los talibanes insistieron en que estaban restaurando la ley y el orden, y que entregarían el poder a un gobierno formado por "buenos musulmanes." Sin embargo, entre 1994 y la toma de Kabul en 1996, su postura cambió por completo y se volvieron centralistas, dictatoriales e inaccesibles, llegando en 1996 a convertirse en los únicos dirigentes de Afganistán, sin participación de ningún otro grupo. Saltaron a las páginas de todo el mundo por el destrozo irreversible de las gigantescas estatuas de Buda, su negativa a entregar a Ben Laden, y la prohibición para que las mujeres pudieran acceder a los centros educativos.

El régimen talibán cayó como consecuencia de los ataques norteamericanos que siguieron al 11 de septiembre de 2001 y fueron sustituidos por el gobierno de Hamid Karzai.

aproximadamente 300 millones de dólares que, adecuadamente invertidos, utiliza para financiar el grupo. Al-Qaeda mantiene negocios importantes en todo el mundo, pero además solicita donaciones de sus partidarios e incluso recauda dinero mediante organizaciones caritativas musulmanas.

AL FATAH
Al Asifa, Fuerza 17
Palestina
Descripción
Fundada en 1956, fue la primera organización de carácter palestino con estructura autónoma. Su nombre significa "la reconquista", en árabe, y en sus comienzos estuvo dirigida por Yasir Arafat. En 1969 Al Fatah se unió a la OLP (Ver), entidad que aglutina a diversas organizaciones y que lidera desde entonces.
Actividades
El principal blanco de sus acciones es el Estado de Israel, siendo los principales organizadores de la *intifada* (en árabe, 'levantamiento'), campaña palestina de manifestaciones, huelgas, disturbios y violencia dirigida contra el gobierno de Israel en los territorios ocupados de Gaza y Cisjordania, que se inició a finales de 1987.

En 1993, después de los acuerdos entre Arafat y el presidente Yitzak Rabin, Al-Fatah decidió abandonar todo tipo de violencia. Sin embargo, siguen existiendo en la actualidad grupos palestinos que su presidente asegura no poder controlar y que mantienen metodologías terroristas.

Fuerza

5.000 personas, 1.500 de ellas organizadas en grupos armados.

Localización/área de funcionamiento

Medio Oriente, Líbano, Norteamérica y zonas que no ocupó el Estado de Israel en Gaza, Cisjordania, etc.

Ayuda externa

Básicamente, simpatizantes pro-palestinos del mundo entero.

AL-GAMA'A AL-ISLAMIYYA
(Grupo islámico, IG)
Egipto

Descripción

Se trata del mayor grupo de militantes de Egipto, activo desde finales de los 70, aunque no cuente con una organización sólida. Posee cierta presencia mundial, y aunque emitió un alto el fuego en marzo de 1999, su líder espiritual, Shaykh Umar Abd al-Rahman, encarcelado en los Estados Unidos, rescindió la tregua en junio de 2000. Al-Gama'a no ha efectuado un ataque dentro de Egipto desde agosto de 1998.

Rifa'i Taha Musa es un antiguo compañero de Osama Ben Laden, al que se le atribuyen diferentes atentados contra personas norteamericanas, aunque él ha negado públicamente que apoyara a Ben Laden y frecuentemente ambos difieren en sus declaraciones públicas. Taha Musa intentó últimamente el retorno a las acciones armadas, pero el grupo que todavía es liderado por Mustafa Hamza no ha roto aún el alto el fuego. A finales de 2000, Taha Musa apareció en un video con Ben Laden y Ayman al-Zawahiri, amenazando a los Estados Unidos por el encarcelamiento de Abd al-Rahman. La principal meta del IG es derrocar al Gobierno egipcio y reemplazarlo por un estado islámico, aunque Taha Musa también parece interesado en atacar a EE.UU. e Israel.

Actividades

Este grupo terrorista se especializó, antes del alto el fuego, en ataques armados contra la seguridad egipcia y contra oficiales gubernamentales, así como contra cristianos y opositores egipcios al extremismo islámico. Desde 1993 hasta la tregua, al-Gama'a lanzó ataques contra turistas en Egipto, siendo el más importante el de noviembre de 1997 en Luxor, durante el cual murieron 58 turistas extranjeros. También ha asumido la responsabilidad de un plan para asesinar al presidente egipcio Hosni Mubarak en Addis Abeba, Etiopía.

Fuerza

Desconocida. En su mejor momento, el Grupo Islámico disponía de varios miles de miembros y un gran número de simpatizantes. Desde el cese de las hostilidades, el número de terroristas ha disminuido sustancialmente.

Localización/área de funcionamiento

Opera principalmente en Al-Minya, Asyu't, Qina, y Sohaj, en el sur de Egipto. También parece tener apoyo en El Cairo, Alejandría, y en otros lugares urbanos egipcios, particularmente entre los desempleados y estudiantes. Además tiene presencia en Sudán, Reino Unido, Afganistán, Austria y Yemen.

Ayuda externa

Desconocida. El Gobierno egipcio cree que están apoyados por Irán, Ben Laden y grupos militantes afganos. También puede obtener algún fondo a través de varias organizaciones no gubernamentales islámicas.

AL-JIHAD JIHAD
Egipto
Descripción
Grupo extremista islámico egipcio, activo desde finales de los años 70. Cercano a Ben Laden y a la organización al-Qaeda, ahora está en retroceso como resultado de los numerosos arrestos sufridos. Sus metas iniciales eran derrocar al Gobierno egipcio y reemplazarlo por un estado islámico, así como atacar a EE.UU. e intereses israelitas en Egipto y en el extranjero.
Actividades
Son especialistas en ataques armados contra el personal gubernamental egipcio de alto nivel, incluso ministros, y en poner bombas lapa contra oficiales de EE.UU.
El Jihad original fue el responsable del asesinato en 1981 del presidente egipcio Anwar al-Sadat, así como de los intentos de asesinato contra el Ministro del Interior Hassan al-Alfi en agosto de 1993, y del Primer Ministro Atef Sedky en noviembre de 1993. Son igualmente responsables del ataque a la Embajada norteamericana en Islamabad (Pakistán) en 1995, y en 1998 del ataque frustrado contra la situada en Albania. Generalmente seleccionan sus víctimas cuidadosamente, y preparan sus atentados con

muchos detalles técnicos, teniendo como principal recurso la inmolación.

Fuerza

Desconocida, pero probablemente varios cientos de miembros.

Localización/área de funcionamiento

Opera en el área de El Cairo, pero posee una red fuera de Egipto que llega hasta Yemen, Afganistán, Pakistán, Sudán, Líbano y el Reino Unido.

Ayuda externa

No conocida. El gobierno egipcio afirma que Irán y Ben Laden apoyan la Jihad. También puede obtener algún fondo a través de varias organizaciones no gubernamentales islámicas, negocios diversos y actos delictivos.

BRIGADA ALEX BONCAYAO (ABB)
Filipinas

Descripción

El ABB es un grupo que nació como consecuencia de la ruptura, a mitad de los años ochenta, del Partido Comunista de Filipinas.

Actividades

Responsable de más de 100 asesinatos, se cree que estuvieron involucrados en el asesinato en 1989 del coronel del ejército norteamericano

James Rowe en Filipinas. En marzo de 1997 el grupo anunció que había formado una alianza con otro grupo armado, el Ejército Proletario Revolucionario. En marzo de 2000 reconocieron la autoría de un ataque con granadas contra una planta energética que se construye en Manila, y del ametrallamiento de las oficinas de la industria del aceite, para protestar por los altos precios.

Fuerza

Aproximadamente 500 efectivos.

Localización/área de funcionamiento

Opera en Manila y en Filipinas central.

Ayuda externa

Desconocida.

CONTINUIDAD DEL EJÉRCITO REPUBLICANO IRLANDÉS (CIRA)

Irlanda

Descripción

Este grupo se formó después de que el Ejército Republicano Irlandés (IRA) anunciara el alto el fuego en septiembre de 1994.

El IRA (Ver) había sido el ala armada clandestina del Sinn Fein Republicano (RSF), una organización política dedicada a la reunificación de Irlanda y a expulsar a las tropas británicas de Irlanda del Norte.

Actividades

Bombas, asesinatos, extorsión y robos. Sus objetivos incluyen al ejército británico, fuerzas de seguridad de Irlanda y grupos paramilitares, aunque también han lanzado ataques con bombas contra civiles en Irlanda del Norte. No tiene una presencia establecida o capacidad para lanzar ataques en el Reino Unido.

Fuerza

Menos de 50 activistas, diseminados por Irlanda del Norte.

Ayuda externa

Se sospecha de fondos provenientes de simpatizantes en los Estados Unidos. Pueden haber reclutado hombres y adquirido material en los Balcanes en cooperación con el IRA Auténtico.

DEFENSORES DE LA MANO ROJA (RHD)

Irlanda

Descripción

Grupo terrorista extremista irlandés que se opuso al alto el fuego. El RHD ataca a civiles católicos en Irlanda del Norte.

Actividades

El RHD ha permanecido inactivo desde 2000. Sin embargo, en años anteriores el grupo había llevado a cabo numerosos bombardeos e incendios provocados contra civiles, así como contra casas, iglesias y negocios privados. Su objetivo era causar daños en la comunidad republicana y provocar ánimos de venganza en el IRA. El RHD asumió la responsabilidad por el atentado efectuado el 15 de marzo de 1999 contra el automóvil de R. Nelson, un prominente y veterano abogado nacionalista católico y defensor de los derechos humanos en Irlanda del Norte.

Fuerza

Unos 20 miembros, algunos de los cuales tienen considerable experiencia en tácticas terroristas y en elaboración de bombas.

Localización/área de funcionamiento

Irlanda del Norte.

Ayuda externa

Ninguna.

EJÉRCITO DE LIBERACIÓN NACIONAL (ELN)

Colombia

Descripción

Este grupo insurgente maoísta fue formado en 1965 por intelectuales urbanos inspirados en Fidel Castro y Che Guevara.

En 1999 efectuaron diálogos de paz con oficiales colombianos, pero siguieron con una campaña de secuestros en masa, cada uno involucrando al menos a un ciudadano americano. Todo ello para demostrar su fuerza y garantizar la viabilidad de su grupo, así como para obligar al gobierno a negociar. Bogotá y el ELN dedicaron la mayor parte del año 2000 a discutir dónde establecer un lugar adecuado para sostener las conversaciones de paz, pero las acusaciones contra el presidente por su vinculación con el narcotráfico las han empañado reiteradamente.

Actividades

Secuestros, bombas, extorsión y guerra de guerrillas, aunque la capacidad del ejército convencional es modesta. Anualmente efectúan cientos de secuestros para pedir un rescate, habitualmente de empleados extranjeros de grandes multinacionales, sobre todo en la industria del petróleo. Frecuentemente sus ataques han afectado a la infraestructura energética, dañando tuberías y la red de distribución eléctrica.

Fuerza

Aproximadamente de 3.000 a 6.000 combatientes armados y un número desconocido de partidarios activos.

Localización/área de funcionamiento

Principalmente en áreas rurales y montañosas del norte y nordeste, así como en el sudoeste y zonas fronterizas de Venezuela.

Ayuda externa

Cuba proporciona ayuda médica y apoyo político.

EJÉRCITO DE NUEVAS PERSONAS (NPA)

Filipinas

Descripción

Ala militar del Partido Comunista de Filipinas (CPP), el NPA es un grupo maoísta formado en marzo de 1969 con el objetivo de derrocar al gobierno a través de una guerra de guerrillas prolongada. Aunque principalmente es un grupo de guerrilla rural, el NPA cuenta con una infraestructura urbana activa capaz de efectuar actos terroristas, y usa pequeños grupos urbanos para cometer sus asesinatos. Se financia con las contribuciones de sus partidarios y con los impuestos revolucionarios que exige a los negocios locales.

Actividades

El NPA ataca principalmente a los agentes de la seguridad filipina, a políticos corruptos y a traficantes de droga. Se opone a cualquier presencia militar norteamericana en las Filipinas, dirigiendo sus ataques contra intereses del ejército norteamericano.

Fuerza

Estimada entre 6.000 y 8.000 efectivos.

Localización/área de funcionamiento

Opera en el Luzón rural, Visayas y partes de Mindanao. Tiene células en Manila y en otros centros metropolitanos.

Ayuda externa

Desconocida.

EJÉRCITO PARA LA LIBERACIÓN DE RUANDA (ALIR)

Ruanda

Descripción

Anteriormente formaron parte del ejército del régimen Hutu ruandés que en 1944 llevó a cabo el genocidio de 500.000 o más Tutsis y otros antagonistas del régimen. Constituían la fuerza miliciana de paisano que llevó a cabo muchas de las matanzas, siendo conocidos ahora como el Ejército para la Liberación de

Ruanda (ALIR), rama armada del PALIR, o como Grupo para la Liberación de Ruanda[4].

Actividades

El grupo busca derrocar al gobierno Tutsi dominante en Ruanda. En 1996, un mensaje -posiblemente del ALIR- amenazó con matar al embajador norteamericano en Ruanda y a otros ciudadanos. En 1999, las guerrillas de ALIR criticaron el apoyo de EE.UU. y del Reino Unido al gobierno ruandés, secuestrando y matando a ocho turistas extranjeros, entre ellos dos ciudadanos americanos, en un parque de recreo en la frontera Congo-Uganda. En la actual guerra

---

[4] Bélgica otorgó a Ruanda la independencia el 1 de julio de 1962, y dos años después algunos exiliados tutsi regresaron a Ruanda en forma de ejército revolucionario. El intento de invasión provocó una masacre tutsi a manos de los hutu, que después sería seguida por constantes conflictos interétnicos. Al mismo tiempo, miles de víctimas hutu procedentes de Burundi se refugiaron en Ruanda. En 1990, Bélgica y varias naciones centroafricanas enviaron tropas a Ruanda para oponerse a la invasión de exiliados tutsis procedentes de Uganda. Las mayores matanzas ocurrieron después de la muerte posiblemente provocada de Habyarimana, y durante los siguientes meses unos 500.000 ruandeses, tutsi en su mayoría, fueron masacrados.

En julio de 1994 se estableció en Ruanda un gobierno respaldado por el Frente Patriótico.

congoleña, el ALIR se ha aliado con Kinshasa contra los invasores ruandeses.

Fuerza

Varios miles de fuerzas regulares que operan en las líneas fronterizas del Congo, y a veces dentro de Ruanda.

Localización/área de funcionamiento

Principalmente en el Congo y Ruanda, pero algunos pueden operar en Burundi.

Apoyo externo

Desde la invasión ruandesa de 1998 hasta su muerte en los comienzos de 2001, el régimen de Kabila en la República Democrática del Congo les proporcionó entrenamiento, hombres y suministros.

EJÉRCITO REPUBLICANO IRLANDÉS (IRA)

Irlanda

Grupo relacionado: Ejército Republicano Irlandés Provisional (PIRA)

Descripción

Grupo terrorista formado en 1969 como ala armada clandestina de Sinn Fein, un movimiento político dedicado a expulsar a las fuerzas británicas de Irlanda del Norte y a unificar el país[5]. Tiene una orientación marxista y, aunque con una organización pequeña, posee células muy herméticas.

Actividades

Bombas, asesinatos, secuestros, palizas como castigo, extorsión, contrabando y robos. Sus objetivos han incluido a los oficiales del gobierno británico, al ejército que vigila en Irlanda del Norte, y a los grupos paramilitares leales. Han dirigido campañas con bombas contra el tren y el metro, así como contra

---

[5] El Ulster es una provincia de Irlanda formada por Leinster, Munster y Connaught, que, junto con los condados Antrim, Armagh, Down, Fermanagh, Londonderry y Tyrone, constituyen la totalidad de Irlanda del Norte. El rechazo por parte del Ulster de la oferta de autogobierno para Irlanda fue la causa de la creación, en el año 1920, del estado de Irlanda del Norte formado por los seis condados mencionados y que, situados en la parte noreste de la isla de Irlanda, son un territorio integrante del Reino Unido. Para muchos católicos irlandeses la creación de este estado fue la última injusticia que los británicos infligían a los irlandeses. En 1948, cuando el Estado Libre de Irlanda se convirtió en la República de Irlanda, el Parlamento británico confirmó la condición de Irlanda del Norte como parte integrante del Reino Unido. Las tropas británicas que fueron enviadas a Irlanda del Norte en 1969 para ayudar a la policía local se establecieron de forma permanente para garantizar la autoridad británica, así como para limitar la reacción protestante.

tiendas situadas en Bretaña, Ulster británico y Constabulary. El IRA efectuó contactos para el alto el fuego desde septiembre de 1994 a febrero de 1996, y ha intentado realizarlo desde julio de 1997. En el otoño de 2001 decidieron efectuar el cese de sus actividades delictivas. No obstante, se les acusa del asalto, todavía en marzo de 2002, al cuartel general de los servicios secretos en Castelreagh.

Fuerza

Prácticamente inalteradas, con varios cientos de miembros y varios miles de simpatizantes, aunque no ha podido evitar disidentes.

Localización/área de funcionamiento

Irlanda del Norte, República irlandesa, Gran Bretaña.

Ayuda externa

En el pasado recibió ayuda de diversos grupos y países, así como entrenamiento por parte de Libia y la OLP. Pueden haber recibido apoyo económico de simpatizantes residentes en Estados Unidos. Las similitudes en su modo de operar hacen pensar también en conexiones con ETA.

EJÉRCITO ROJO JAPONÉS (JRA)

Japón

Descripción

Este grupo terrorista internacional se formó alrededor de 1970 después de separarse de la Facción del Ejército Rojo de la Liga Comunista Japonesa, y estuvo dirigido por Fusako Shigenobu hasta su arresto en Japón en noviembre de 2000, por cargos de terrorismo y falsificación del pasaporte. La meta histórica del JRA ha sido derrocar al Gobierno japonés y acabar con la monarquía, ayudando a fomentar una revolución mundial. Después de su arresto, Shigenobu anunció que pensaba seguir sus metas, pero usando un partido político legítimo en lugar de la violencia revolucionaria. Puede colaborar o, por lo menos, tener lazos con la Brigada Internacional Antiimperialista (AIIB); también puede tener eslabones con el Frente Democrático Anti-bélico, una organización política izquierdista dentro de Japón. Noticias posteriores al arresto de Shigenobu indican que el JRA estaba organizando células en ciudades asiáticas, como Manila y Singapur. Tiene historia de relaciones personales con grupos terroristas palestinos que operan fuera del Japón, aunque el estado actual de estas conexiones es desconocido.

Actividades

Durante los años setenta el JRA llevó a cabo una serie de ataques alrededor del mundo, incluidas la matanza en 1972 en el Aeropuerto de Lod en Israel, dos secuestros de aviones de transporte japoneses, y un intento de asalto a la embajada americana en Kuala Lumpur, Malasia. En abril de 1988, Yu Kikumura fue arrestado en New Jersey portando explosivos, y al parecer estaba planeando un ataque para coincidir con la colocación de bombas en un club en Nápoles (En 1993 se acusó a Junzo Okudaria de este atentado en Nápoles, así como del ataque contra la embajada USA en Roma en 1987). Se sospecha que Yu Kikumura es el autor de cinco muertes más. Se declaró culpable de los cargos y está cumpliendo ahora un largo internamiento en una prisión de Estados Unidos. En 2000, Líbano deportó a Japón a cuatro miembros del JRA que había arrestado en 1997, pero concedió a un quinto, Kozo Okamoto, asilo político.

Fuerza

Alrededor de sólo seis miembros dirigentes, pero con un número indeterminado de simpatizantes.

Localización/área de funcionamiento

Desconocida, aunque posiblemente se encuentra en Asia o Siria.

Ayuda externa
Desconocida.

ETA Euzkadi TA Askatasuna
País Vasco (España y Francia)
Descripción
Fue creada en 1959 como resultado de la fusión entre Ekin, grupo nacionalista universitario, y ciertos sectores de las juventudes del Partido Nacionalista Vasco, con la intención de establecer una patria independiente en las provincias españolas norteñas de Vizcaya, Guipúzcoa, Álava y Navarra, y en los departamentos franceses al sudoeste de Labourd, Basse-Navarra y Soule.

Las Asambleas I (1962), II (1963), III (1964) y IV (1965) la definieron como una organización revolucionaria, nacionalista y anticapitalista, que utiliza la lucha armada para conseguir la independencia de Euskadi. En la V Asamblea (1967) se consagró el carácter marxista y se fijó una estrategia en varios frentes: obrero, cultural, político y militar, con atracos a bancos y atentados contra las instituciones policiales, que se incrementaron a partir de 1968. Se expulsó a los considerados "españolistas", quienes formarían el Movimiento Comunista.

Las resoluciones de la VI Asamblea (1970) no fueron aceptadas por la mayoría de los militantes históricos, al ingresar una parte de sus componentes en la Liga Comunista Revolucionaria (trotskista).

En 1970 varios de sus dirigentes fueron juzgados en el denominado proceso de Burgos, que provocó una gran repulsa política mundial contra el franquismo. Las tensiones entre el frente obrero y el militar no impidieron la realización del atentado que costó la vida al presidente del gobierno Luis Carrero Blanco en 1973. Posteriormente, una serie de atentados indiscriminados intensificaron los conflictos internos y dividió, a partir de 1974, a la organización entre ETA militar, compuesta principalmente por militantes exiliados en el País Vasco francés y partidarios de la prioridad de la lucha armada, y ETA político-militar, con predominio de afiliados del interior que pretendían combinar la acción de masas con secuestros y atentados. Los "poli-milis" impulsaron en 1976 una organización política que debía ser la vanguardia de la lucha nacional a la que se subordinaban las acciones violentas y que acabó concretándose en la coalición Euskadiko Esquerra. Los "milis" aprobaron un programa mínimo conocido como la alternativa Kas, de la que surgiría en 1978 Herri Batasuna, que debía dar cobertura a ETA.

ETA político-militar sufrió en 1977 una escisión de los llamados comandos Bereziak (especiales) que se fusionaron con ETA militar y que acabarían monopolizando la violencia política. ETA político-militar se disolvió prácticamente en 1982, después de que Euskadiko Esquerra iniciara la negociación con el gobierno para liberar determinados militantes que renunciaban a la lucha armada.

Múltiples acciones policiales han provocado la caída de dirigentes y militantes, sobre todo a partir de 1986, cuando el gobierno francés comenzó a intervenir de manera más decidida en la colaboración antiterrorista. Actualmente, las acciones policiales abarcan también a su brazo político Batasuna y a los grupos de apoyo que ejercen la violencia callejera.

Actividades

Sobre todo bombas y asesinatos de oficiales del gobierno español, especialmente fuerzas de seguridad y militares, políticos y figuras judiciales. ETA financia sus actividades con secuestros, robos y extorsión a empresarios. El grupo ha matado a más de 1000 personas desde que comenzó sus ataques mortales en los años 60.

En noviembre de 1999, ETA adoptó un alto el fuego "unilateral e indefinido", pero al poco tiempo comenzó de nuevo su campaña de asesinatos y bombas que ocasionaron la muerte de 23 personas e hirieron a muchas más hasta finales de 2000.

Fuerza

Desconocida, aunque pueden tener centenares de miembros, más los pertenecientes a Batasuna y grupos juveniles como Jarrai.

Localización/área de operación

Funciona sobre todo en las regiones autónomas de Euskadi y en el sudoeste de Francia, pero también ha atacado intereses españoles y franceses en otros lugares.

Ayuda externa

Se cree que está en contacto con grupos terroristas de Libia, Líbano y Nicaragua. Algunos miembros de ETA han recibido cobijo en Cuba, Colombia, y otros países de América del Sur. También parecen mantener lazos con el Ejército Republicano Irlandés.

FMR (Frente Manuel Rodríguez)
Chile

El FMR es el brazo militar del partido comunista chileno y como tal ha estado envuelto en muchas actividades anti-gubernamentales. No representa una amenaza importante.

FRENTE DE LIBERACIÓN DE PALESTINA (PLF)[6]

Descripción

Constituye una de las innumerables facciones de la lucha palestina contra Israel, separados del PFLP-GC a mitad de los años 70.

Actividades

Abu Abbas (el grupo dirigido por Mohamed Abbas) es la facción más conocida por sus ataques contra Israel. Fue responsable del ataque en 1985 contra el navío Achille Lauro y del asesinato del ciudadano americano Leon Klinghoffer.

Fuerza

Desconocida.

Localización/área de funcionamiento

Inicialmente en Túnez, ahora se encuentra en Irak.

Ayuda externa

Recibe apoyo principalmente de Irak y, en el pasado, de Libia.

---

[6] Para este y otros grupos terroristas palestinos será de utilidad al lector consultar los libros *El fundamentalismo islámico* y *El conflicto árabe-israelí*, ambos editados en esta misma colección de FLASH.

FRENTE POPULAR PARA LA LIBERACIÓN DE PALESTINA (PFLP)

Palestina

Descripción

Este grupo fue fundado en 1967 por George Habash, miembro de la Organización para la Liberación de Palestina (OLP) creada en 1964. Luego se unió a la Alianza de Fuerzas Palestinas (APF), como oposición a la Declaración de Principios firmada en 1993 entre Rabin y Arafat. En 1996 se separaron también del APF por diferencias ideológicas, y aunque han tomado parte en reuniones con Arafat y representantes de la OLP en 1999 para discutir la unidad nacional, continúan oponiéndose a las negociaciones actuales con Israel.

Actividades

Estuvieron comprometidos con numerosos actos terroristas internacionales durante los años setenta. Desde 1978 han dirigido sus ataques contra israelíes o árabes moderados, y han asesinado a un colono y a su hijo en diciembre de 1996.

Fuerza

Unos 800.

Localización/área de funcionamiento

Siria, Líbano, Israel y los territorios ocupados.

Ayuda externa

Recibe apoyo político y alguna ayuda logística de Siria.

FRENTE POPULAR PARA LA LIBERACIÓN DE PALESTINA-MANDO GENERAL (PFLP-GC)

Palestina

Descripción

Se escindió del PFLP en 1968, pues deseaba enfocar su acción más hacia la lucha armada y menos hacia la política. Intensamente opuesto a la OLP de Arafat, está dirigido por Ahmad Jabril, antiguo capitán del Ejército sirio.

Actividades

Llevaron a cabo docenas de ataques en Europa y en el Medio Oriente desde 1970 a 1980, siendo conocidos por sus ataques terroristas en Israel usando medios poco habituales, como globos de aire caliente y planeadores motorizados. Su enfoque primario es ahora la guerrilla en el sur del Líbano, y ataques en pequeña escala en Israel y Gaza.

Fuerza

Varios centenares.

Localización/área de funcionamiento

Cuartel general en Damasco con bases en Líbano.

Ayuda externa
Recibe apoyo logístico del ejército de Siria y apoyo financiero de Irán.

FRENTE UNIDO REVOLUCIONARIO (RUF)
Sierra Leona
Descripción
El RUF es un grupo deficientemente organizado, pero una guerrilla eficaz debido a su flexibilidad y a la brutal disciplina interna. Buscan derrocar al gobierno actual de Sierra Leona y hacerse con el mando de las regiones ricas en diamantes. La propia financiación del grupo se consigue esencialmente a través de la extracción y venta de los diamantes obtenidos en las áreas de Sierra Leona que controla.
Actividades
El RUF usa tácticas de guerrilla, delitos comunes y técnicas de terrorismo, como asesinatos, torturas y mutilación, así como enfrentamientos con el gobierno, intimidación a civiles y acoso a las fuerzas de paz de la ONU.

En 2000 mantuvieron como rehenes a centenares de miembros de la ONU, hasta que se negoció su liberación gracias a la mediación del Presidente Charles Taylor. El grupo también está acusado de ataques en Guinea.

Fuerza

Se estima en varios miles de luchadores, y posiblemente un número similar de partidarios y simpatizantes.

Localización/área funcionamiento

Sierra Leona, Liberia, Guinea.

Ayuda externa

Los expertos de la ONU informan que Charles Taylor es quien realmente proporciona apoyo y dirección al RUF. La ONU ha identificado a Libia, Gambia y Burkina Faso (anteriormente Alto Volta), como canalizaciones para las armas y otros materiales.

FUERZAS ARMADAS REVOLUCIONARIAS DE COLOMBIA (FARC)

Colombia

Descripción

Fundada en 1964 como el ala militar del Partido Comunista Colombiano, las FARC son la más antigua organización, así como la mayor y más capaz, de la insurrección marxista de Colombia. Las FARC están gobernadas por una secretaría presidida por Manuel Marulanda Véles, alias "Tirofijo", y seis miembros más, entre ellos el comandante Jorge Briceno, alias "Mono Jojoy". Aunque organizó varios ataques al ejército y posee varios frentes urbanos, en el año 2000 el grupo continuó el proceso de negociación para la paz con el gobierno de Pastrana, quien efectuó varias concesiones, incluso una zona desmilitarizada usada como lugar para las negociaciones. Su sucesor en la presidencia, Álvaro Uribe, lo intentó de nuevo en 2002, sin éxito.

Actividades

Bombardeos, asesinatos, secuestros, extorsión, así como guerrilla y acciones militares convencionales contra los políticos colombianos, el ejército, y empresas. Organiza secuestros para financiarse y presionar, además de atacar empresas petrolíferas norteamericanas ubicadas en el país. En marzo de 1999 las FARC ejecutaron a tres americanos previamente secuestrados. Los ciudadanos extranjeros son a menudo objetivos del FARC para pedir rescate, y parecen haber establecido fuertes lazos con los narcotraficantes, principalmente a cambio de la protección armada.

Fuerza
Aproximadamente entre 9.000 y 12.000 combatientes armados, y un número desconocido de partidarios, básicamente en áreas rurales.
Localización/área de funcionamiento
Esencialmente en Colombia, con extorsiones y secuestros, ampliando a veces sus acciones a Venezuela, Panamá y Ecuador.
Ayuda externa
Cuba le provee de ayuda médica y consejos políticos.

FUERZAS DE AUTODEFENSA UNIDA DE COLOMBIA (AUC)

Colombia

Descripción
El AUC, normalmente considerado como grupo de autodefensa o paramilitar, es una organización tapadera formada en abril de 1997 para consolidar las fuerzas paramilitares, con la misión de proteger intereses económicos y evitar la acción de los insurgentes. El AUC, posiblemente apoyado por elites económicas, traficantes de droga, y por las comunidades locales en donde faltan fuerzas gubernamentales, tiene como objetivo primario proteger a sus patrocinadores. El AUC se declara como una fuerza contra los

malhechores, adecuadamente provista y armada, cuyos miembros reciben un sueldo mensual. El líder de AUC es Carlos Castaño, que en 2000 exigió que el 70 por ciento de los costes operacionales del AUC se financiaran con las ganancias relacionadas con la droga, mientras que el resto serían "donaciones" de sus patrocinadores.

Actividades

Las acciones del AUC van desde asesinatos de insurgentes sospechosos a guerra de guerrillas muy intensas. La Policía Nacional colombiana informó que el AUC había realizado, durante los diez primeros meses de 2000, 804 asesinatos, 203 secuestros y 75 matanzas con 507 víctimas. El AUC alega en su defensa que todas sus víctimas eran guerrilleros o simpatizantes de la guerrilla. Las tácticas de combate son las tradicionales, y últimamente se unen abiertamente con el ejército y la policía. Este grupo paramilitar no ha efectuado acciones contra intereses americanos ni europeos.

Fuerza

A principios de 2001 el gobierno estimaba en 8.000 los luchadores paramilitares.

Localización/área de funcionamiento

Las fuerzas del AUC son más fuertes en el norte y noroeste de Colombia: Antioquia, Córdoba, Sucre, Bolívar, Atlántico y

Magdalena. Desde 1999 el grupo ha logrado una presencia creciente en otras secciones nororientales y del sudoeste, limitada por las llanuras de la Amazonia (zona compartida por Brasil, en su mayor parte, y en menor proporción por Colombia, Ecuador, Perú, Bolivia, Venezuela, Surinam, Guyana y Guayana Francesa).

Ayuda externa

Ninguna conocida.

GRUPO DE ABU SAYYAF (ASG)

Filipinas

Descripción

El Frente Moro de Liberación Nacional ASG es el más pequeño y radical de los grupos islámicos separatistas que funcionan en Corea y en las Filipinas meridionales. Algunos de sus miembros han estudiado o trabajado en Oriente Medio y mantuvieron lazos afines con los mujahidines mientras luchaban y entrenaban en Afganistán.

El grupo se separó del Frente Moro de Liberación nacional en 1991 bajo la dirección de Abdurajik Abubakar Janjalani, quien acabó muerto en un enfrentamiento con la policía filipina el 18 de diciembre de 1998. Los informes de prensa colocan a su hermano más joven, Khadafi Janjalani, como el líder principal del grupo, que se compone a su vez de varias facciones.

Actividades

Realiza ataques con bombas, asesinatos, secuestros y extorsiones para promover un estado islámico independiente en Mindanao occidental y en el archipiélago de Sulu, áreas de las Filipinas meridionales pobladas mayoritariamente por musulmanes. Atacó la ciudad de Ipil en Mindanao en abril de 1995 -fue la primera gran acción del grupo- y en 2000 ha secuestrado a más de 30 extranjeros. En 2002 han realizado diversos atentados en Filipinas, con el resultado de varios muertos y cientos de heridos.

Fuerza

Se cree que tienen apenas 200 combatientes de base, pero más de 4.000 individuos motivados, y que reciben los pagos del rescate de los rehenes no nativos. Posiblemente estén vinculados con Al Qaeda.

Localización/área de operación

El ASG funciona sobre todo en las Filipinas meridionales con miembros que viajan de vez en cuando a Manila, pero el grupo amplió sus operaciones a Malasia cuando secuestró a extranjeros.

Ayuda Externa

Recibe probablemente la ayuda de extremistas islámicos del Oriente Medio y del sur de Asia.

GRUPO DE PERSONAS REVOLUCIONARIAS (ELA)

Grecia

Descripción

Grupo de extrema izquierda que se desarrolló como oposición a la Junta militar que gobernó Grecia de 1967 a 1974. Formado en 1971, el ELA se declara revolucionario, anti-capitalista y anti-imperialista, manifestando su oposición a "la dominación del imperialismo, a la explotación y opresión". Fuertemente antiamericano, desea la salida del ejército de EE.UU. de Grecia.

Actividades

Desde 1974 han dirigido ataques contra el Gobierno griego y contra intereses económicos, así como contra el ejército americano y medios comerciales, aumentando su intensidad desde 1986. Durante una operación policial en 1990 se encontró un escondite de armas y contactos directos con otros grupos terroristas griegos, incluyendo "1 de mayo" y "Solidaridad Revolucionaria". De hecho, en 1991 ELA y el "1 de mayo" asumieron la responsabilidad de más de 20 atentados, y se cree que también han establecido eslabones con la Organización Revolucionaria 17 de noviembre (Ver). Aunque el ELA no ha realizado ataques desde enero de 1995, otros grupos han surgido con su mismo modus operandi. De estos, el Núcleo Revolucionario (Células revolucionarias) parece ser el grupo sucesor del ELA.

Fuerza

Desconocida.

Localización/área de funcionamiento

Grecia.

Ayuda externa

Recibió armas y otras ayudas durante los años 80 de Carlos, el terrorista internacional. Actualmente no se le conoce ningún patrocinador extranjero.

GRUPOS DE RESISTENCIA ANTI-FASCISTA PRIMERO DE OCTUBRE (GRAPO)

España

Descripción

Se formó en 1975 como ala armada del Partido Comunista de España, grupo ilegal durante la dictadura de Franco. Defiende el derrocamiento del Gobierno español para reemplazarlo por un régimen marxista-leninista. El GRAPO, vehementemente anti-EE.UU., requiere también la expulsión de todas las fuerzas militares norteamericanas del territorio español, y desde 1977 ha dirigido e intentado varios ataques contra objetivos americanos.

Actividades

Los GRAPO han matado a más de 80 personas y herido a más de 200. Su intención al causar daños materiales es obtener dinero, y no tanto infligir accidentes, aunque también han efectuado atentados y asesinatos de altos cargos. En mayo de 2000 asesinaron a dos policías durante un robo frustrado a un furgón blindado y en noviembre de ese mismo año causaron la muerte de un policía español en represalia por el arresto en noviembre de 2000 de algunos líderes del grupo.

Fuerza

Desconocida, pero probablemente no más de una docena. Hay numerosos miembros del GRAPO que están actualmente en prisiones españolas.

Localización/área de funcionamiento

España.

Ayuda externa

Ninguna.

GRUPO ISLÁMICO ARMADO (GIA)

Argelia

Descripción

Este grupo extremista islámico intenta derrocar al régimen argelino y sustituirlo por un estado islámico. El GIA comenzó sus actividades violentas en 1992, después de que Argel anulara la victoria electoral del Frente Islámico de Salvación (FIS), el mayor partido islámico de la oposición, en las primeras elecciones legislativas en diciembre de 1991.

Actividades

Son frecuentes los ataques contra civiles y trabajadores del gobierno.

Entre 1992 y 1998 el GIA realizó una campaña terrorista con masacres de civiles, destruyendo a veces aldeas enteras en su área de operaciones. Desde el anuncio de su campaña contra los extranjeros que vivían en Argelia en 1993, el GIA ha matado a más de 100 de ellos, sobre todo europeos. El grupo utiliza asesinatos y bombas, incluyendo bombas lapa, además de realizar secuestros para degollar a sus víctimas. El GIA secuestró un vuelo de Air France a Argel en diciembre de 1994, siendo condenados en Francia algunos de sus miembros por actos originados en 1995.

En la actualidad, el Grupo Salafi (GSPC) parece haber eclipsado al GIA, y en 1998 demostró ser el grupo armado más eficaz dentro de Argelia. La dirección de GIA y de GSPC continúan proclamando su rechazo hacia la amnistía otorgada por el presidente Bouteflika, pero en contraste con el GIA, el GSPC ha indicado que limita sus ataques contra civiles. El ataque previsto del GSPC contra la competición automovilística París-Dakar en enero de 2000 demuestra, sin embargo, que el grupo no ha renunciado enteramente a los atentados contra blancos civiles de alta significación.

Fuerza

Aunque se desconoce, probablemente sean varios cientos, e incluso miles.

Localización/área de operación

Argelia.

Ayuda Externa

Suelen ser argelinos y miembros de GSPC que viven en el extranjero, muchos en Europa occidental, quienes proporcionan ayuda financiera y logística. Además, el gobierno argelino ha acusado a Irán y Sudán de apoyar a estos extremistas argelinos. Una investigación en noviembre de 2002 reveló que el ejército argelino pudo haber mantenido algunos infiltrados en las filas del GIA para provocar enfrentamientos con otras fuerzas islámicas.

GRUPO REVOLUCIONARIO DE LIBERACIÓN (DHKP/C)

Devrimci Sol (Izquierda Revolucionaria), Dev Sol

Turquía

Descripción

Originalmente se llamó Devrimci Sol, o Dev Sol, una facción del Grupo de Liberación Turco. Después de las primeras acciones armadas se desligó, en 1994 de la ideología marxista, cambió de nombre y se manifestó virulentamente anti-EE.UU. y anti-OTAN. Financia sus actividades principalmente a través de robos armados y extorsiones.

Actividades

Desde finales de los 80 han concentrado sus ataques contra agentes de la seguridad turca y oficiales del ejército, empezando una nueva campaña contra intereses extranjeros en 1990. Asesinaron a dos contratistas militares americanos e hirieron a un funcionario de la fuerza aérea americana para protestar por la guerra del Golfo. También lanzaron cohetes contra el consulado americano en Estambul en 1992 y asesinaron a hombres de negocios turcos en 1996.

En junio de 1999 las autoridades turcas frustraron un intento del DHKP/C para disparar un arma antitanque al consulado americano en Estambul. La eficacia de la policía turca y los arrestos durante los dos últimos años, han debilitado significativamente al grupo. Las fuerzas de seguridad turcas abortaron un motín de los presos del DHKP/C en diciembre de 2000, transfiriendo a sus militantes a otras penitenciarías para minar su cohesión.

Fuerza

Desconocida.

Localización/área de operación

Principalmente atacan en Estambul, Ankara, Izmir, y Adana.

Ayuda externa

Desconocida

HAMÁS Movimiento de Resistencia Islámica Palestina

Descripción

Se formó en 1987 a partir de la Hermandad Musulmana en Palestina. Su objetivo, como el de otros grupos resistentes, es conseguir establecer un estado palestino islámico en lugar de Israel. Aunque flojamente estructurado, tienen algunas personas que trabajan clandestinamente, y otros que lo hacen abiertamente a través de mezquitas e instituciones de servicio sociales. Así consiguen reclutar miembros, dinero, organizar actividades y distribuir propaganda. La fuerza de Hamás se concentra en la zona de Gaza y están comprometidos también en actividades políticas pacíficas, aportando candidatos en las elecciones. En varias ocasiones la OLP, con quien mantiene históricas diferencias, se aprestó a reprimir a los militantes y simpatizantes de Hamás, su principal adversario, incluidos los dirigentes de las brigadas de Al Kassam (brazo militar del movimiento). A mediados de mayo de 1995 Arafat desató una ofensiva contra los elementos moderados de la organización, que habían insistido en buscar compromisos con la ANP a cambio de que se les dieran un lugar en el espectro político.

En septiembre de 2002, el fundador del ala militar, Sheikh Salah Shahada, y once personas más, entre ellos ocho niños, fueron víctimas de un ataque israelí con misiles, y aunque en un principio a Sheik se le dio por muerto, sus seguidores aseguraron que seguía ileso.

Actividades

Los activistas de Hamás, sobre todo aquellos ligados a las brigadas Izz al-Qassam, han dirigido muchos ataques, incluyendo bombas humanas suicidas de gran potencia, contra los israelitas y sus aliados. A principio de los 90 también atacaron a rivales de Al Fatah.

Fuerza

El número de miembros es desconocido, aunque posiblemente sean miles, entre partidarios y simpatizantes.

Localización/área de funcionamiento

Principalmente los territorios ocupados por Israel. En agosto de 1999 las autoridades de Jordania cerraron las oficinas políticas del grupo en Amán, arrestaron a sus líderes y les prohibieron operar en territorio jordano.

Ayuda externa

Reciben bienes de expatriados palestinos, de Irán, y de empresarios de Arabia Saudita y otros estados árabes. Alguna recaudación de fondos y propaganda tienen lugar también en Europa Occidental y en América del Norte.

HARAKAT UL-MUJAHIDIN (HUM)
Pakistán

Descripción

Anteriormente conocida como Harakat al-Ansar (HUA), se trata de un grupo militante islámico de Pakistán que opera principalmente en Cachemira. El líder del grupo, Fazlur Rehman Khalil, se ha unido a Ben Laden y colabora, desde febrero de 1998, en los ataques a EE.UU. y a intereses occidentales. Continúa operando en campamentos de entrenamiento terroristas en Afganistán oriental.

Actividades

Han dirigido varios ataques contra las tropas indias y también contra civiles blancos en Cachemira. Unidos al grupo militante al-Faran secuestraron a cinco turistas occidentales en Cachemira en julio de 1995; uno de ellos fue asesinado en agosto de 1995 y los otros cuatro, según informes recibidos, en diciembre de ese mismo año.

El nuevo milenio trajo desarrollos significativos para los grupos militantes paquistaníes, particularmente HUM, a quienes se les atribuye el secuestro de un avión de transporte indio el 24 diciembre. Los salteadores negociaron la liberación de Masood Azhar, un importante líder encarcelado por los indios en 1994.

Fuerza

Cuenta con varios miles de partidarios armados en Azad Cachemira, Pakistán, y en el sur de la India y regiones de Doda. Se trata principalmente de paquistaníes y cachemires, incluyendo también veteranos árabes de la guerra afgana. Poseen algo de armamento pesado, rifles de ataque, morteros, explosivos y cohetes.

Localización/área de funcionamiento

Están situados en Muzaffarabad, Rawalpindi, y varios otros pueblos de Pakistán y Afganistán; pero los miembros dirigen actividades insurgentes y terroristas principalmente en Cachemira. El HUM entrena a sus militantes en Afganistán y Pakistán.

Ayuda externa
Las fuentes de financiación y el trasfondo económico del ejército de HUM son desconocidos.

HIZBALLAH (El Partido de Dios)
Palestina
Organizaciones relacionadas: Yihad islámico, Organización de Justicia Revolucionaria, Organización de los Oprimidos de la Tierra, y Jihad islámico para la Liberación de Palestina.
Descripción
Grupo radical Shia, formado en el Líbano a partir de varios grupos contrarios a las negociaciones de paz en Oriente Medio, se dedicó a incrementar su poder político en Líbano e Israel. Fuertemente anti-occidental y anti-israelí, está estrechamente aliado con, y a menudo dirigido por, Irán, aunque parece haber llevado a cabo acciones no aprobadas por Teherán.
Actividades
Pudieran estar envueltos en numerosos actos terroristas anti-EE.UU., por ejemplo el camión suicida que destruyó la Embajada americana y los cuarteles de la marina en Beirut en octubre de 1983, y el anexo de la Embajada americana en esa misma ciudad en septiembre de 1984. Este grupo es responsable del secuestro de rehenes en el Líbano y del ataque a la

Embajada israelita en Argentina en 1992, así como sospechoso de la bomba en un centro cultural israelita en Buenos Aires en 1994. En otoño de 2000 capturaron a tres soldados israelitas en Shabaa junto con un israelita no combatiente.

Fuerza

Varios miles de partidarios y unos cientos de terroristas operativos.

Localización/área de funcionamiento

Opera en el Valle de Bekaa, los suburbios del sur de Beirut y el sur del Líbano. Ha establecido células en Europa, África, América del Sur, América del Norte y Asia.

Ayuda externa

Recibe cantidades sustanciales de dinero, entrenamiento, armas, explosivos, ayuda política, diplomática y orgánica de Irán y de Siria.

IRA Auténtico (RIRA)
Irlanda

Descripción

Fue formado en febrero-marzo de 1998 como ala armada clandestina del 32-County Movimiento de Soberanía, un grupo político de presión dedicado a hostigar a las fuerzas británicas de Irlanda del Norte y a unificar Irlanda. Este grupo es opuesto a los principios de Mitchell para la democracia y no-violencia, y opuesto también a la enmienda de los artículos 2 y 3 de la Constitución irlandesa. El grupo lo lidera Mickey McKevitt, anterior miembro del IRA, junto con su esposa Bernadette Arena-McKevitt.

Actividades

Asesinatos, contrabando, extorsión y robos. Muchos miembros del IRA Auténtico pertenecen al anterior IRA que se opusieron al alto el fuego, por lo que poseen una gran experiencia en tácticas terroristas y bombas.

Sus objetivos incluyen al ejército británico que vigila en Irlanda del Norte y los irlandeses civiles, habiendo realizado también varios ataques infructuosos con bombas en el Reino Unido. Asumen la responsabilidad por el ataque que en Omagh, Irlanda del Norte, el 15 de agosto de 1998 mató a 29 personas e hirió a 220. El grupo declaró un alto el fuego a continuación, pero se le atribuyen hasta entonces 2.000 ataques en Irlanda del Norte y en el Reino Unido. Estos incluyen las bombas en el Puente de Hammersmith y un ataque con cohetes contra la oficina principal del MI-6 en Londres.

El 21 de octubre de 2002 anunciaron su disolución y el fin de sus actividades terroristas, según se deduce de la lectura de un comunicado cuidadosamente redactado por los líderes encarcelados en la prisión de Portlaoise.

Fuerza

150 ó 200 activistas, más el posible apoyo de algunos descontentos del alto el fuego, así como otros simpatizantes republicanos.

Localización/área de funcionamiento

Irlanda del Norte, República irlandesa, Gran Bretaña.

Ayuda externa

Se sospecha que reciben fondos de simpatizantes en los Estados Unidos. También se piensa que el RIRA ha comprado armas sofisticadas en los Balcanes, según informes de prensa.

JAISH-E-MAHOMA (JEM) (Ejército de Mahoma)

Pakistán

Descripción

El Jaish-e-Mahoma (JEM) es un grupo de islamistas, creado en Pakistán, que se ha extendido rápidamente en tamaño y capacidad gracias a Maulana Masood Azhar, un antiguo ultra-fundamentalista del HUA. El objetivo del grupo es unir Cachemira con Pakistán, y se alinea políticamente con los radicales, con los talibanes y el partido político Jamiat-i Ulema-i Islam (JUI-F).

Actividades

El líder de JEM, Masood Azhar, fue liberado de su encarcelamiento indio en diciembre de 1999 a cambio de 155 rehenes de las Aerolíneas indias secuestrados en Afganistán. En 1994 habían sido efectuados otros secuestros de personal norteamericano y británico en Nueva Delhi, así como otros en julio de 1995 en Cachemira con el mismo fin. Azhar organizó importantes acciones contra Pakistán a lo largo de 2000, una de ellas en julio mediante un ataque con cohetes dirigido contra el Primer Ministro en su oficina de Srinagar, en el que resultaron heridas cuatro personas. En diciembre, los militantes del JEM lanzaron ataques contra una parada de autobús en Kupwara, India, hiriendo a 24 personas, y en un mercado de Chadoura, hiriendo a otras 16. Los militantes del JEM también pusieron dos bombas que mataron a 21 personas en Qamarwari y Srinagar.

Fuerza

Cuenta con varios centenares de partidarios armados localizados en Cachemira Azad, Pakistán, en el sur de la India y en regiones de Doda.

Numerosos miembros han desertado después del excarcelamiento de su líder y se han unido a ul-Mujahedin de Harakat, una nueva organización que ha conseguido atraer un gran número de jóvenes en la Cachemira urbana. Los partidarios son principalmente paquistaníes y cachemires, aunque también se incluyen afganos civiles y veteranos árabes de la guerra afgana. Suelen disponer de armamento pesado: rifles, morteros, explosivos improvisados y granadas-cohete.

Localización/área de funcionamiento

Esencialmente en Peshawar y Muzaffarabad (Pakistán), pero sus miembros dirigen actividades terroristas en Cachemira. El JEM mantiene campamentos en Afganistán.

Ayuda externa

La mayoría del armamento del JEM ha sido proporcionado por la agrupación ul-Jihad de Harakat al-Islami (HUJI) y el ul-Mujahedin de Harakat. El JEM tiene lazos íntimos con árabes afganos y con los talibanes, y se sospecha que reciben ayuda de Osama Ben Laden.

KACH y KAHANE CHAI

Israel

Descripción

Sus componentes han declarado que la meta de su movimiento es restaurar el estado bíblico de Israel. Kach (fundada por el rabino radical israelita-americano Meir Kahane) y su filial Kahane Chai (fundada por Benyamin, hijo de Meir Kahane, asesinado en los Estados Unidos junto a su esposa por un pistolero palestino), son consideradas desde marzo de 1994 como una organización terrorista por el propio Estado de Israel.

Actividades

Organizan protestas contra el Gobierno israelita. Amenazan a los palestinos de Hebrón, así como a los árabes y a los oficiales israelitas.

Fuerza

Desconocida.

Localización/área de funcionamiento

Israel y Qiryat Arba en Hebrón.

Ayuda externa

Reciben apoyo de simpatizantes en Estados Unidos y Europa.

LASHKAR-E-TAYYIBA (LT)

India

Descripción

El LT es el ala armada de la organización religiosa pakistaní Markaz-ud-Dawa-wal-Irshad (MDI), formada en 1989. Se trata de uno de los tres grupos mayores y más especializados que luchan en Cachemira contra la India, aunque no están conectados a ningún partido político. El líder de LT es el jefe del MDI, el profesor Hafiz Mahoma Saeed. El grupo posee úna cadena de escuelas religiosas en el Punjab.

Actividades

Han dirigido varios ataques contra las tropas indias y contra civiles en Cachemira desde 1993. El LT es sospechoso de ocho ataques durante agosto de 2001, que causaron la muerte de casi 100 indios, principalmente hindúes. Los militantes de LT son también sospechosos del secuestro de seis personas en Akhala, India, en noviembre de 2000, y de la muerte de cinco de ellas.

Fuerza

Cuenta con varios cientos de miembros en Cachemira Azad, en el sur de la India y en regiones de Doda. Casi todos sus miembros son extranjeros, principalmente paquistaníes, veteranos rurales y afganos que lucharon en las guerras. Suelen usar rifles, ametralladoras pesadas, morteros, explosivos y cohetes.

Localización/área de funcionamiento

Básicamente en Muridke (cerca de Lahore, Pakistán) y Muzaffarabad. El LT entrena a sus militantes en campamentos de entrenamiento móviles distribuidos por Cachemira y Afganistán. La cantidad de miembros del LT es desconocida, aunque sabemos que mantiene lazos con grupos religiosos y militares alrededor del mundo, desde Filipinas al Medio Oriente.

Ayuda externa

Recibe donaciones de la comunidad paquistaní en el Golfo Pérsico y Reino Unido, ONGs islámicas y paquistaníes, así como de hombres de negocios de Cachemira.

LEAL FUERZA VOLUNTARIA (LVF)
Irlanda

Descripción

Este grupo terrorista se formó en 1996 como una facción leal a la corriente principal de las Fuerzas Voluntarias del Ulster (UVF), pero no se dio a conocer públicamente hasta febrero de 1997. Compuesto en gran parte por radicales, el UVF ha buscado ocasionar daños políticos a los nacionalistas irlandeses en Irlanda del Norte, atacando a políticos católicos, a civiles, y también a políticos protestantes que participan en el proceso de paz. Ha observado un alto el fuego desde el 15 de mayo de 1998. En diciembre de ese año, l LVF entregó una pequeña cantidad, aunque significativa, de armas, pero no ha repetido ese gesto y de hecho ha amenazado con nuevas acciones.

Actividades
Bombas, secuestros y otros ataques, empleando frecuentemente explosivos tipo Powergel. Los ataques de LVF han sido particularmente cruentos: han asesinado a numerosos paisanos católicos sin afiliaciones políticas o terroristas, incluso a una joven católica de 18 años en julio de 1997 simplemente porque tenía un novio protestante. Los terroristas también han efectuado ataques contra civiles irlandeses en pueblos de la frontera irlandesa.

MIR Movimiento de Izquierda Revolucionaria
Chile
Descripción
Fue fundado por trotskistas chilenos en 1965. Más tarde enfatizó a sus seguidores para acomodarse a una orientación castrista.
Actividades
Llevó a cabo actos terroristas esporádicos entre 1969 y 1970. Durante la presidencia de Allende en 1970-73, el MIR fue activo en la promoción de reformas agrarias y dirigió ocupaciones militares de zonas rurales. Después del golpe militar en 1973, la mayoría de los miembros del MIR se vieron en la obligación de abandonar el país. Desde

entonces el MIR ha estado activo solo esporádicamente.

Fuerza

Menos de cien. A principios de los ochenta el MIR sufrió una serie de acosos policiales y no se ha podido recuperar de las pérdidas.

Localización/área de funcionamiento

Chile y zonas fronterizas

MOVIMIENTO ISLÁMICO DE UZBEKISTÁN (IMU)

Uzbekistán

Descripción

Resultado de la unión de militantes islámicos de Uzbekistán y otros de Asia central, se declaran opuestos al Presidente uzbekistaní y al régimen seglar de Islom Karimov. Su meta es el establecimiento de un estado islámico en Uzbekistán, aunque la propaganda del grupo también incluye retórica anti-occidental y anti-israelita.

Actividades

Se les consideran responsables de la colocación de cinco bombas lapa en Tashkent en febrero de 1999. Durante los años 1999 y 2000 tomaron rehenes en varias ocasiones, incluyendo cuatro geólogos japoneses y ocho soldados de Kyrgyzstani (agosto de 1999) y cuatro ciudadanos americanos que hacían alpinismo (agosto de 2000).

Fuerza

Probablemente sus militantes son miles.

Localización/área de funcionamiento

Operan en Afganistán, Tayikistán y Kyrgyzstan.

Ayuda externa

Proviene de otro grupo extremista islámico que se agrupa en Asia Central y del Sur. La dirección de IMU transmite declaraciones por la radio iraní.

MOVIMIENTO REVOLUCIONARIO TUPAC AMARU (MRTA)

Perú

Descripción

Movimiento revolucionario marxista-leninista tradicional, formado en 1983 entre los remanentes del Movimiento de la Izquierda Revolucionaria, un grupo insurgente peruano activo en los años sesenta. Sus objetivos son establecer un régimen marxista y liberar a Perú de todos los elementos imperialistas (principalmente EE.UU. e influencia japonesa.) El programa de lucha antiterrorista en Perú ha disminuido la capacidad del grupo para llevar a cabo nuevos ataques, y el MRTA se ha visto debilitado en la lucha cuerpo a cuerpo, así como por el encarcelamiento o la muerte de algunos de sus líderes, y por la pérdida de apoyo izquierdista. En la actualidad, varios miembros de MRTA permanecen encarcelados en Bolivia.

Actividades

Efectuaron ataques con bombas, secuestros, emboscadas y asesinatos, pero su actividad actual ha disminuido drásticamente. En diciembre de 1996, 14 miembros de MRTA ocuparon la residencia del embajador japonés en Lima y retuvieron a 72 rehenes durante más de cuatro meses. Las fuerzas peruanas atacaron la residencia en abril de 1997, rescatando a todos los rehenes menos a uno y matando a los 14 miembros del grupo. Desde entonces el MRTA no ha efectuado ninguna acción terrorista significativa, y ahora parece más enfocado a obtener indultos para sus miembros encarcelados.

Fuerza

Posiblemente no disponga de más de 100 miembros, esencialmente luchadores jóvenes que carecen de experiencia.

Localización/área de funcionamiento

Perú, con partidarios a lo largo de América Latina y Europa Occidental.

Ayuda externa

Ninguna conocida.

ORGANIZACIÓN DE ABU NIDAL (OAN)

Organizaciones relacionadas: Consejo Revolucionario de Fatah, Brigadas Revolucionarias Árabes, Septiembre Negro y Organización Revolucionaria de Musulmanes Socialistas.

Descripción

Organización internacional terrorista dirigida por al-Banna-Banna de Sabri, escindida de la OLP en 1974, y compuesta por varios comités funcionales, incluyendo político, militar y financiero.

Actividades

Ha realizado ataques terroristas en veinte países, matando o hiriendo a casi 900 personas. Sus objetivos incluyen a Estados Unidos, Reino Unido, Francia, Israel, palestinos moderados, la OLP, y varios países árabes. Los ataques incluyeron los aeropuertos de Roma y Viena en diciembre de 1985, la sinagoga Neve Shalom en Estambul, el vuelo 73 de Pan Am secuestrado en Karachi en septiembre de 1986, y el ataque a Poros en julio de 1988.

Es sospechosa del asesinato del subdirector de la OLP Abu Iyad y de Abu Hul en Túnez en enero de 1991, así como del cónsul jordano en Líbano en enero de 1994. Desde los años 80 no ha atacado objetivos occidentales.

Fuerza

Algunos cientos de pequeñas estructuras que le ayudan.

Localización/área de operación

Al-Banna-Banna volvió en diciembre de 1998 a Irak, donde aún mantiene su presencia, lo mismo que en el Líbano, incluyendo varios campos de refugiados palestinos. Los problemas financieros y la desorganización interna han reducido las actividades y capacidades del grupo. Las autoridades cerraron las operaciones del OAN en Libia y Egipto en 1999, pero ha demostrado capacidad para funcionar en amplias áreas, incluyendo Oriente Medio, Asia y Europa.

Ayuda externa

Ha recibido considerable ayuda para el entrenamiento militar, logístico y financiero por parte de Irak, Libia y Siria (hasta 1987), además de ayuda local para operaciones seleccionadas.

ORGANIZACIÓN MUJAHEDIN-E KHALQ (MEK o MKO)

Irán

Organizaciones asociadas: Ejército de Liberación Nacional de Irán (NLA, ala militante del MEK), Personas Mujahidin de Irán (PMOI), Consejo Nacional de Resistencia (NCR), Sociedad Musulmana del Estudiante Iraní (organización para el apoyo financiero).

Descripción

Formada en los años sesenta por estudiantes hijos de comerciantes iraníes, la Organización Muyaidín (MEK) se opuso a lo que ellos percibían como excesiva influencia occidental en el régimen del Shah. Siguiendo una filosofía que mezcla marxismo e Islam, han desarrollado el grupo disidente iraní armado mayor y más activo. Su historia se define por su actividad anti-occidental, y también, recientemente, por los ataques hacia los intereses del régimen clerical en Irán y en el extranjero.

Actividades

Efectúa campañas mundiales contra el gobierno iraní y de vez en cuando usa violencia terrorista. Durante los años setenta el MEK organizó ataques terroristas dentro de Irán y mató a varios miembros del personal militar de los EE.UU., así como a civiles que trabajaban en la defensa de Teherán. En 1979 apoyaron la toma de la embajada americana en Teherán, y en abril de 1992 los ataques dirigidos a las embajadas iraníes en trece países diferentes demostraron la habilidad del grupo para montar efectivos de gran potencia en ultramar. El movimiento anti-iraní aumentó durante la "Operación Gran Bahman" en febrero de 2000, cuando el grupo efectuó una docena de ataques contra Irán. Durante el resto del año, el MEK exigió a sus miembros que efectuaran ataques con morteros contra el ejército iraní, así como contra edificios gubernamentales cerca de la frontera de Irán-Irak. El MEK también efectuó seis ataques con morteros contra el gobierno civil y edificios militares en Teherán.

Fuerza

Cuenta con varios miles de luchadores en Irak y con una extensa estructura de apoyo extranjera. La mayoría de los luchadores están organizados en el Ejército de Liberación Nacional (NLA) de MEK.

Localización/área de funcionamiento

En los años ochenta los líderes del MEK se vieron forzados por el servicio de seguridad iraní a huir a Francia. La mayoría se reagrupó en Irak durante 1987, aunque el grupo no consiguió contar con un buen nivel militar en Irán hasta mediados de los 80. En los años noventa el MEK volvió a efectuar acciones armadas en Irán.

Ayuda externa

Además del apoyo de Irak, el MEK acostumbra a solicitar contribuciones de expatriados iraníes.

ORGANIZACIÓN PARA LA LIBERACIÓN DE PALESTINA (OLP)

Palestina

Integra a Al Fatah (Ver), el Frente Popular para la Liberación de Palestina (Ver) y el Frente Democrático de Liberación de Palestina, junto a otros grupos menores, tales como El Saika, El Frente Popular para la Liberación de Palestina-Mando General (Ver), y otros.

Descripción

Organización política que, desde su fundación en 1964, encarna y representa las reivindicaciones del pueblo palestino sobre los territorios ocupados por Israel tras la fundación de ese Estado.

La OLP fue fundada durante un congreso en el sector jordano de Jerusalén en mayo de 1964, bajo propuesta del presidente egipcio Nasser a los jefes de estado de la Liga Árabe. Aunque integrada por grupos de refugiados y guerrillas de *fedayines*, pronto recibió adhesiones a título individual y de asociaciones de profesionales, obreros y estudiantes. Sin embargo, los *fedayines* siempre han jugado un papel dominante. La OLP, de acuerdo con sus estatutos, tiene como fin movilizar al pueblo palestino para "recuperar su hogar usurpado". Su objetivo es el de sustituir Israel por un estado laico palestino; con este fin organizó numerosas acciones terroristas y guerrilleras dentro y fuera del país. Sin embargo, la OLP no se responsabilizó de algunos graves atentados llevados a cabo por los *fedayines,* como el que ocurrió en los Juegos Olímpicos de Munich, en 1972, y durante el cual murieron varios atletas israelíes. A partir de 1974, la OLP decidió privilegiar la acción diplomática sobre la lucha armada.

Actividades

En 1970, la OLP participó en una guerra, corta pero muy cruenta, contra las Fuerzas Armadas de Jordania, donde residían la mayor parte de los *fedayines.* Tras abandonar el territorio jordano, la OLP se instaló en el Líbano y se convirtió gradualmente en un Estado dentro de otro Estado, contribuyendo a la desintegración del país libanés después de 1975. La invasión del Líbano por parte de Israel en 1982 debilitó gravemente la presencia de la OLP en ese país, intensificó la disgregación de la Organización en facciones, y forzó la dispersión de 12.000 de sus miembros hacia Siria y otros países árabes.

Localización/área de funcionamiento

En julio de 1988, el rey Husseín I de Jordania cedió a la OLP todos los derechos sobre los territorios de Cisjordania ocupados por Israel. En noviembre de ese mismo año, durante una reunión del Consejo Nacional de Palestina en Argel, Arafat anunció el establecimiento del Estado Independiente de Palestina, con Jerusalén como capital.

Fuerza

El ejército de la Autoridad Nacional Palestina, presidida por Yasir Arafat.

Ayuda externa

En diciembre de 1988 Estados Unidos aceptó establecer un diálogo diplomático directo con la OLP; pero las relaciones con Estados Unidos y con los estados árabes pro-occidentales se deterioraron en 1991, a causa del apoyo público de Arafat a Irak durante la guerra del Golfo Pérsico. En julio de aquel año, el ejército libanés, con el apoyo de Siria, obligó a la OLP a abandonar sus posiciones en el sur del Líbano. En enero de 1993, Israel revocó la prohibición de que sus ciudadanos se entrevistasen con miembros de la OLP. El 13 de septiembre de 1993, Arafat y el primer ministro israelí, Isaac Rabin, firmaron en

Washington un histórico tratado de paz que permitía la autonomía palestina en la franja de Gaza y en Jericó[7].

ORGANIZACIÓN REVOLUCIONARIA 17 DE NOVIEMBRE

Grecia

Descripción

Grupo izquierdista radical creado en 1975 durante el levantamiento estudiantil de Grecia, en noviembre precisamente, contra el régimen militar. Establecidos como anti-EE.UU., anti-Turquía y anti-OTAN, se han comprometido a desmantelar las bases americanas, acabar con la presencia del ejército turco en Chipre, y desunir los lazos de Grecia con la OTAN y con la Unión Europea.

Actividades

Han reconocido ataques contra oficiales de EE.UU. y contra figuras políticas griegas en los años 80. Desde 1990 han extendido sus ataques contra diversas empresas de EE.UU. y de otras nacionalidades que invierten en Grecia y que ellos consideran que perjudican a su país. Han afirmado ser los autores del asesinato, en junio del 2000, del agregado de defensa británico Stephen Saunders.

Fuerza

Desconocida, pero parece ser pequeña.

---

[7] Para este y sucesivos desarrollos, véase *El conflicto árabe israelí*, FLASH, Ed. Acento 2002.

Localización/área de funcionamiento
Atenas, Grecia.
Ayuda externa
Desconocida.

PALESTINA JIHAD ISLÁMICA (PIJ)
Palestina

Descripción
Originada en grupos militantes palestinos de Gaza durante los años setenta, sus miembros están comprometidos con la creación de un estado palestino islámico y en la destrucción de Israel a través de la guerra santa. Debido a su compromiso con Israel, los Estados Unidos les han identificado como enemigos, pero el grupo no ha dirigido nunca ataques específicos contra intereses de EE.UU. En julio de 2000, sin embargo, amenazaron públicamente con atacar intereses americanos si la embajada norteamericana se cambiaba de Tel Aviv a Jerusalén (lo que significaría el reconocimiento de esta ciudad como capital judía).
Actividades
A finales de 2000 dirigieron al menos tres ataques contra intereses israelitas, incluyendo uno para conmemorar el aniversario del asesinato de Fathi Shaqaqi en Malta el 26 de octubre de 1995. Han efectuado atentados

suicidas dirigidos contra israelitas en Gaza e Israel.

Fuerza

No se sabe con precisión, aunque se estiman en varios miles.

Localización/área de funcionamiento

Principalmente Israel y los territorios ocupados, así como otras partes del Oriente Medio, incluidas Jordania y Líbano. También en Egipto (El Cairo), Pakistán, Sudán y Afganistán. Su cuartel general está en Siria.

Ayuda externa

Recibe ayuda financiera de Irán y Libia, y logística de Siria.

PARTIDO DE LOS TRABAJADORES DEL KURDISTÁN (PKK)

Turquía

Descripción

Fue fundado en 1974 como un grupo insurgente marxista-leninista, principalmente compuesto por turcos kurdos. La meta del grupo ha sido establecer un estado kurdo independiente en el sudeste de Turquía[8],

---

[8] Los kurdos son pueblos seminómadas, suníes, que se consideran musulmanes ortodoxos y habitan en el Kurdistán, una región elevada del suroeste de Asia que abarca grandes áreas del noroeste de Irán y se extiende hacia el nordeste de Irak, Armenia, Turquía oriental y el

donde la población es predominantemente kurda. En los años 90, el PKK amplió sus actividades insurgentes rurales y llegó a efectuar acciones de terrorismo urbano. Las autoridades turcas capturaron a su presidente Abdullah Ocalan en Kenya en 1999, y la Corte de Seguridad Estatal turca lo sentenció seguidamente a la pena muerte. En agosto de 1999 Ocalan anunció una "iniciativa de paz", pidiendo a los suyos que abandonaran la violencia y se retiraran de Turquía, al mismo tiempo que demandaba diálogo con Ankara para los problemas kurdos. En un congreso del PKK celebrado en enero de 2000, los miembros apoyaron la iniciativa de Ocalan y aseguraron que el grupo solamente utilizaría acciones políticas, aunque siguieron reclamando los derechos de los kurdos en

---

noreste de Siria. En virtud del Tratado de Sèvres, firmado por los aliados con Turquía en 1920, se les prometió un estado independiente, pero esta promesa nunca llegó a cumplirse. Su población a principios de 1990 era de 20 millones, pero en los meses de marzo y abril de 1991, inmediatamente después de la guerra del Golfo Pérsico, el gobierno iraquí aplastó otra revuelta kurda. Esto ocasionó que más de un millón de kurdos huyeran a Turquía, a Irán y a las zonas montañosas del norte de Irak, mientras que unos 600.000 permanecían en 1992 en campos de refugiados del norte de Irak bajo protección de las Naciones Unidas.

Turquía. En las elecciones políticas de noviembre del 2002, el Dehap o partido pro-kurdo, obtuvo el 6% de los votos a nivel nacional, con lo que quedó fuera del Parlamento, aunque había obtenido entre el 30% y el 40% en las provincias del sureste del país.

Actividades

Sus objetivos principales han sido las fuerzas de seguridad turcas. Los ataques fueron dirigidos a medios diplomáticos y comerciales en docenas de ciudades del oeste europeo en 1993 y hasta la primavera de 1995. En un esfuerzo por dañar la industria turística de Turquía, el PKK bombardeó lugares turísticos y hoteles, además de secuestrar a turistas extranjeros a principios de los 90.

Fuerza

Aproximadamente entre 4.000 y 5.000, la mayoría actualmente localizados en el norte de Irak. Cuenta con miles de simpatizantes en Turquía y también en Europa.

Localización/área de funcionamiento

Opera en Turquía, Europa y Oriente Medio.

Ayuda externa

Ha recibido ayudas de Siria, Irak e Irán. En octubre de 1988 el Gobierno sirio expulsó al líder del PKK Ocalan y otros elementos conocidos de su grupo.

PERSONAS CONTRA EL GANGSTERISMO Y LAS DROGAS (PAGAD)
Sudáfrica
Descripción
El PAGAD se formó en 1996 para luchar contra el crimen organizado y los narcotraficantes, pero en seguida se volvieron anti-gubernamentales y anti-occidentales[9]. El PAGAD y su aliado islámico Qibla ven al Gobierno de Sudáfrica como una amenaza para los valores islámicos y, por consiguiente, promueven mayor participación de los musulmanes africanos. El grupo está dirigido por Zalema de Abdus Ebrahim. Operan en

---

[9] El *apartheid* comenzó en Sudáfrica en las elecciones de 1948, cuando el Partido Nacional encabezado por Daniel F. Malan consiguió una relativa victoria y comenzó a aplicar su duro concepto de *eerbaare apartheid* (segregación honorable), diseñado para separar las razas tanto en el ámbito económico como político, geográfico y social.
Muchos años después tuvieron lugar las primeras elecciones libres de la historia de Sudáfrica, que se celebraron del 26 al 29 de abril de 1994. El ANC (Congreso Nacional Africano) obtuvo una clara victoria y Mandela fue elegido como el primer presidente negro del país el 10 de mayo de 1994. En junio de ese año, Sudáfrica volvió a ingresar en la Commonwealth, una comunidad creada para coordinar los diversos Estados que antes integraban el Imperio británico.

células pequeñas, pero posiblemente sean los responsables de ciertos actos de terrorismo cometidos utilizando otros nombres, como Musulmanes Contra la Opresión Global (MAGO) y Musulmanes Contra los Líderes Ilegítimos, lanzando protestas anti-occidentales y campañas de intimidación.

Actividades

PAGAD es sospechoso de dirigir actos de terrorismo urbano -particularmente bombas- desde 1998, incluyendo nueve bombas en el 2000. Sus objetivos han incluido autoridades de Sudáfrica, musulmanes moderados, sinagogas, salas de fiestas, atracciones turísticas y restaurantes occidentales. Se cree que el PAGAD fue el cerebro de la bomba que explotó en el restaurante Planet Hollywood de Ciudad del Cabo el 25 de agosto de 1998, acción reivindicada en un principio por los autodenominados Musulmanes contra la Opresión Global.

Fuerza

Se estima en varios cientos de miembros.

Localización/área de funcionamiento

Opera principalmente en el área más turística de Sudáfrica.

Ayuda externa

Probablemente tiene lazos con los extremistas islámicos del Medio Oriente.

SENDERO LUMINOSO (SL)

Perú

Descripción

El profesor universitario Abimael Guzmán formó Sendero Luminoso a finales de 1960, y sus enseñanzas maoístas están en la base de la creación de esta milicia. En los años ochenta, SL se convirtió en uno de los grupos terroristas más crueles del hemisferio occidental, calculándose en unas 30.000 personas asesinadas desde entonces. Su meta declarada es destruir las instituciones peruanas y reemplazarlas por un régimen campesino comunista revolucionario. También se opone a cualquier influencia de gobiernos extranjeros. Guzmán fue arrestado en 1992. En el 2000, las autoridades gubernamentales continuaron arrestando y persiguiendo a los miembros activos de SL incluyendo, en abril, al comandante José Arcela Chiroque, alias Ormeno.

Actividades

En 1990 dirigieron ataques diversos y asesinatos selectivos mediante explosivos contra misiones diplomáticas de varios países en Perú, incluido un coche bomba contra la embajada americana en diciembre. En el 2000 continuó con sus ataques contra las autoridades peruanas y unidades del ejército en zonas rurales, pero a pesar de las numerosas amenazas, los guerrilleros activos de SL fueron incapaces de evitar las elecciones nacionales peruanas el 9 de abril de ese año.

Fuerza

El número de miembros de Sendero Luminoso es desconocido, pero se estima que en la actualidad puede estar entre 100 y 200 militantes armados. La fuerza de SL ha quedado muy disminuida por los arrestos y las deserciones.

Localización/área de funcionamiento

Perú, con la mayoría de las actividades en áreas rurales, especialmente concentrados en el valle superior del río Huallaga.

Ayuda externa

Ninguna conocida.

SEPTIEMBRE NEGRO

(Ver Organización de Abu Nidal)

TIGRES PARA LA LIBERACIÓN DE TAMIL EELAM (LTTE)

Otras organizaciones asociadas: Asociación Tamil Mundial (WTA), Movimiento Tamil Mundial (WTM), Federación de Asociaciones de Tamiles Canadienses, Ellalan Force, Fuerza de Sangilian.

Descripción
Fundada en 1976, el LTTE es el grupo Tamil más poderoso en Sri Lanka, que usa métodos abiertos e ilegales para recaudar fondos y adquirir armas, siendo su intención establecer un estado Tamil independiente[10]. El LTTE empezó su conflicto armado con el gobierno de Sri Lanka en 1983, y practica una estrategia de guerrillas que incluye el uso de tácticas terroristas. En 2002 el grupo mantuvo conversaciones para una paz duradera.
Actividades
Los Tigres mantienen un programa terrorista que afecta a líderes políticos y militares en Colombo y otros centros urbanos. Son muy notorios por su dedicación al terrorismo suicida mediante los Tigres Negros. Los asesinatos políticos y bombardeos son comunes, y se han declarado autores de

---

[10] Tamil Nadu (anteriormente Madrás y Tamizhagan) fue creada a partir del anterior estado a través de la Ley de Reorganización de Estados de 1956. La fuerza de los partidos de Tamil Nadu refleja por un lado la determinación de los tamiles por mantener su cultura, y por otro la desconfianza hacia las intenciones del gobierno estatal. Los tamiles han resistido tenazmente a los intentos por parte del gobierno nacional de hacer del hindi (lengua perteneciente al grupo indoario, hablada oficialmente en la India, que se divide en dos grupos: oriental y occidental) la lengua oficial del estado.

atentados contra establecimientos diplomáticos y comerciales extranjeros.

Fuerza

Su fuerza real es desconocida, pero el LTTE afirma tener entre 8.000 y 10.000 combatientes armados en Sri Lanka, con un núcleo de luchadores especializados de aproximadamente 3.000 a 6.000. El LTTE cuenta también con una estructura de apoyo extranjera significativa para recaudar fondos, procurarse armas y realizar actividades de propaganda.

Localización/área de funcionamiento

Controlan la mayoría de las áreas costeras norteñas y orientales de Sri Lanka, pero han dirigido su actividad a lo largo de toda la isla. Su cuartel general está en la Sri Lanka norteña, y el líder de LTTE, Velupillai Prabhakaran, ha establecido una red extensa de puntos de control e informadores para controlar las actividades de cualquier forastero que entre en el área del grupo de mando.

Ayuda externa

Las organizaciones de LTTE apoyan abiertamente el separatismo Tamil ante los gobiernos extranjeros y las Naciones Unidas. El LTTE también acostumbra a mantener contactos internacionales para conseguir armas, comunicaciones y cualquier otro tipo de equipo y suministros que necesite.

Aprovecha las grandes comunidades afines en América del Norte, Europa y Asia para obtener fondos para sus luchadores en Sri Lanka. La información obtenida desde mediados de 1980 indica que algunas comunidades tamil en Europa están también envueltas en contrabando de narcóticos. Los Tamiles han servido históricamente como mensajeros de la droga en Europa.

VERDAD SUPREMA DE AUM (AUM)

Japón

Aum Shinrikyo, Aleph

Descripción

Se trata de una secta establecida en 1987 por Shoko Asahara, aprobada como entidad religiosa en 1989 bajo la ley japonesa, y que colocó a varios de sus candidatos en una elección parlamentaria japonesa en 1990. En sus primeras manifestaciones alertaron a los japoneses sobre una nueva guerra mundial e indicaron que los Estados Unidos iniciarían el Armageddon (la batalla final), comenzando por el Japón. El gobierno japonés revocó su reconocimiento de la secta AUM como organización religiosa en octubre de 1995, y en 1997 decretaron su eliminación, como una secta proscrita. El control de AUM fue asumido entonces por Fumihiro Joyu, después de salir de la cárcel en donde había permanecido tres años por perjurio. Joyu había sido anteriormente el portavoz del grupo y el artífice de su ramificación a Rusia. Bajo su dirección el AUM cambió su nombre a ALEPH y volvió a insistir en las enseñanzas violentas y apocalípticas de su fundador.

Actividades

En 1995, miembros de AUM lanzaron simultáneamente un agente químico letal en varios trenes del metro de Tokio, matando a 12 personas y afectando a 6.000, de las que estudios recientes han contabilizado hasta 1.300 que sufrieron lesiones físicas reales, y el resto cierta forma de trauma psicológico. El grupo fue también responsable de otros accidentes químicos misteriosos en Japón en 1994. La policía japonesa arrestó a Asahara en mayo de 1995, y a finales de 2000 fue acusado de 17 asesinatos. A pesar de ello, la secta continuó reclutando a nuevos miembros, fundó una empresa comercial y adquirió la categoría de culto.

Fuerza

Los actuales miembros del AUM se estiman entre 1.500 y 2.000 personas. En el momento del ataque al metro de Tokio el grupo tenía 9.000 miembros en Japón y hasta 40.000 en todo el mundo.

Localización/área de operación
La calidad de miembro del AUM está reconocida solamente en Japón, pero una ramificación residual que abarca un número desconocido de seguidores ha emergido en Rusia.
Ayuda Externa
Ninguna conocida.

VOLUNTARIOS ANARANJADOS (OV)
Irlanda
Descripción
Grupo terrorista que surgió cuando se emprendieron las negociaciones para el alto el fuego en Irlanda del Norte.
Actividad
El OV declaró un alto el fuego en septiembre de 2000, pero el grupo mantiene operatividad para poner bombas, provocar incendios, palizas y posiblemente robos.
Fuerza
Unos 20 miembros, algunos de ellos muy experimentados en tácticas terroristas.
Localización/área de funcionamiento
Irlanda del Norte.
Ayuda externa
Ninguna.

EL TERRORISMO EN EL MUNDO, DISTRIBUIDO POR PAÍSES

Las asociaciones terroristas descritas más arriba y otras de menor entidad, aparecen ahora enumeradas por los países donde preferentemente actúan. También se hace alusión a algunos de los últimos hechos terroristas acaecidos en cada nación.

Angola

Angola, denominada anteriormente África Occidental Portuguesa, está inmersa en una guerra entre la Unión Nacional para la Independencia Total de Angola (UNITA, fundada en 1966) y el gobierno angoleño[11].

Tras la muerte del presidente de la UNITA, Jonas Savimbi, el 22 de febrero de 2002, todo parecía indicar que podría restablecerse la paz después de 25 años de guerra, y que los acuerdos de Lusaka marcarían el inicio de una nueva era en la historia de Angola. Con esta esperanza, en

---

[11] El partido político dominante en el país surgió en 1956 con el nombre de Movimiento de Liberación Popular de Angola (MPLA) y en 1977 se reorganizó como partido marxista-leninista, denominándose Movimiento Popular de Liberación de Angola-Partido del Trabajo.

abril de 2002 se firmó un acuerdo formal de cese del fuego, en el cual se contemplaba el desarme de las fuerzas militares de la UNITA, las cuales pasarían a formar parte del ejército y la policía de Angola. Sin embargo, militantes no identificados, sospechosos de ser rebeldes de UNITA, perpetraron en junio de 2002 un atentado contra un avión del Programa Mundial de Alimentos, organismo de la ONU. Posteriormente atacaron dos convoyes de alimentos humanitarios en el norte de Angola, matando a una persona y causando daños materiales significativos. El mismo grupo atacó dos minas de diamantes, asesinando a nueve africanos y secuestrando siete angoleños, además de secuestrar a tres trabajadores portugueses y a uno de la construcción angoleña.

Argelia

El GIA (Grupo Islámico Armado) pretende implantar el islamismo radical mediante matanzas de grupos de rehenes y otros atentados. En la década de los noventa, el terrorismo fundamentalista dirigido contra el gobierno socialista de Argelia había desembocado de hecho en una guerra civil, en la que tanto el Gobierno como los islamistas radicales extendían el terror a través de una brutal violencia.

Argentina

En La Tablada, Enrique Gorriarán Merlo participó en la acción terrorista de enero de 1989, donde murieron más de 30 personas, refugiándose después en Cuba hasta que fue capturado (1995) en México, y deportado a Argentina. También continuaron las investigaciones por los ataques a la embajada israelí en 1992 y al Centro Cultural Argentino-Israelí (AMIA) en 1994, ambos en Buenos Aires. Posteriormente se aportaron conclusiones que incluían acusaciones de complicidad contra funcionarios y agentes de policía, así como algunos civiles, acerca de un coche bomba cargado con 300 kilogramos de explosivos que fue utilizado para ejecutar el ataque.

Birmania

En enero de 1999, 10 disidentes birmanos armados efectuaron la toma de la Embajada Birmana en Bangkok, así como el hospital Ratchaburi en Tailandia. Las fuerzas de seguridad tailandesas atacaron el hospital y libraron a las víctimas, matando a los secuestradores sin que ningún rehén sufriera daño. El gobierno de Birmania sentenció a muerte a un terrorista involucrado en la toma de la Embajada.

Ciudad del Cabo

Ciudad del Cabo continuó experimentando una serie de ataques de terrorismo urbano en el año 2000, entre ellos bombas que produjeron 30 heridos. Cinco de los nueve ataques fueron coches bomba dirigidos contra las autoridades surafricanas, lugares públicos, restaurantes y nightclubs occidentales.

Chile

El grupo terrorista Frente Patriótico Manuel Rodríguez (FPMR) ha participado en asesinatos, secuestros y otros actos para implantar un régimen de unidad nacional basado en sindicatos de trabajadores y organizaciones populares. El 30 de diciembre de 1996, mientras se encontraban cumpliendo prisión en una cárcel de máxima seguridad en Chile, por asesinato, secuestro, atentados y otros actos, cuatro miembros terroristas del FPMR lograron fugarse gracias a un espectacular rescate en helicóptero. Uno de sus miembros, Patricio Ortiz Montenegro, entonces de 33 años de edad, cumplía prisión por robo de banco, atentado con explosivos a un restaurante McDonald,s, y asesinato. Actualmente se encuentra de nuevo en prisión. Ricardo Palma Salamanca, alias El Negro, otro de los fugados que cumplía doble cadena perpetua, es el autor del asesinato del senador chileno Jaime Guzmán, y del secuestro de Cristián Edwards. El chileno Juan Gutiérrez Fischmann, alias el Chele, miembro destacado del FPMR, fue uno de los autores intelectuales del asesinato de Jaime Guzmán, perpetuado a la salida del Campus Oriente de la Universidad Católica el 1 de abril de 1991.

Los integrantes del llamado Comando Conjunto, que antaño colaboró en la represión de los opositores durante la dictadura de Pinochet, se reagruparon con poco éxito en el 2002.

Colombia

En Colombia existen varios grupos que se disputan el poder recurriendo a métodos terroristas:

- FARC (Fuerzas Armadas Revolucionarias de Colombia). Dirigidas por Manuel Marulanda Véles, se financia con la extorsión y el narcotráfico. Utiliza técnicas de guerrillas y secuestros para financiarse y presionar, además de atacar empresas petrolíferas norteamericanas.
- ELN (Ejército de Liberación Nacional). Es de ideología maoísta y suele atacar empresas norteamericanas petrolíferas, financiándose con los secuestros y el narcotráfico.

- AUC (Autodefensas Unidas de Colombia). Paramilitares dirigidos por Carlos Castaño, acusados de matanzas indiscriminadas de campesinos y de colaborar con guerrilleros colombianos. Desde hace 20 años las AUC declararon la guerra a las FARC, y en el 2002 manifestaron su deseo de entregarse a las autoridades norteamericanas.

Córcega

La ARMATA CORSA quiere la independencia de ese país de Francia, y realiza atentados con la ayuda de la mafia y del narcotráfico.

Corea

El FRENTE MORO DE LIBERACIÓN NACIONAL Abu Sayaf pretende la separación del norte del país. Secuestra a cualquier persona y ataca a los militares.

Corea del Norte ha llevado a cabo varios atentados terroristas contra Corea del Sur, como la explosión ocurrida en Rangún en 1983, en la que murieron 4 miembros del Gobierno y 13 surcoreanos más, y el atentado a un avión de pasajeros de las Líneas Aéreas Coreanas en 1987 perpetrado por agentes norcoreanos.

Ecuador

El 12 de octubre de 2000, elementos criminales con conexiones posibles con terroristas, secuestraron a 10 empleados y trabajadores (cinco ciudadanos de los EE.UU., dos franceses, un chileno, una argentina y un neozelandés) de una compañía aérea. En diciembre de ese mismo año asumieron la responsabilidad de múltiples ataques con bombas contra el oleoducto ecuatoriano, una de las cuales mató a siete personas. A finales del mismo año, los terroristas exigieron 80 millones de dólares por el rescate de ocho rehenes (dos de los cuales lograron escapar). Después de largas negociaciones con los representantes de las compañías petroleras donde estaban empleados esos rehenes, los cautivos restantes fueron liberados. La identidad exacta de los terroristas seguía siendo incierta cuando, en enero de 2001, asesinaron a un ciudadano de los EE.UU.

Egipto

La YAMAA (Gama) ISLAMYA (Asamblea islámica) quiere implantar en Egipto el islamismo radical y atenta contra los turistas. Su líder espiritual está encarcelado en los EE. UU.

España

- ETA

Busca la independencia del país vasco. Para presionar emplea atentados, secuestros, asesinatos y extorsiones. Ayudada por su brazo político Batasuna (recientemente modificado como Sozialista Abertzaleak), han visto mermada su capacidad operativa a causa de las actuaciones del juez de la Audiencia Nacional, Baltasar Garzón, quien imputó en noviembre de 2002 a los 22 miembros de la actual Mesa Nacional en un delito de integración en banda armada.

Desde la firma del Pacto de Estella en 1998, se sucedieron una serie de pactos de ETA con diversas fuerzas políticas, treguas y altos el fuego, parciales o indefinidos. El 20 de octubre de 2011, tres días después de la Conferencia Internacional para promover la resolución del conflicto en el País Vasco en San Sebastián la banda anunció mediante un comunicado «elcese definitivo de su actividad armada".

- GRAPO

Actúa en las grandes ciudades mediante secuestros, atentados y bombas. El 18 de julio de 2002, quince militantes del PCE(r) y de los GRAPO fueron detenidos en Gasteiz, Madrid y París en una operación conjunta. Entre los detenidos estaban el máximo jefe del aparato militar del GRAPO, el histórico Fernando Hierro Chomón, capturado en París.

Filipinas

El grupo Abu Sayyaf (ASG), fundado en 1991 como organización disidente del Frente Moro de Liberación Nacional, es el autor del rapto de 21 personas, incluyendo a 10 turistas extranjeros, así como de varios periodistas extranjeros, tres malasios, y un ciudadano americano que permaneció largo tiempo secuestrado. Después de romper las conversaciones de paz en Manila, el Frente de Liberación islámico (MILF) efectuó varios ataques terroristas en el sur de Filipinas contra civiles y militares. Los oficiales filipinos sospechan que el MILF dirigió también los ataques en Manila que afectaron a dos comerciales. Su objetivo es echar a la población católica fuera de Mindanao y establecer un estado islámico al estilo del Irán de Jomeini.

En octubre de 2002 efectuaron un atentado en una parada de autobús, en el que murieron siete personas. También se les atribuye otro atentado, días después, en la localidad de Zamboanga, con seis muertos y 146 heridos.

Grecia

- ORGANIZACIÓN 17 DE NOVIEMBRE

Suele atentar contra intereses norteamericanos y de la OTAN.

- NÚCLEO REVOLUCIONARIO

Luchó contra la junta militar entre 1967 y 1974. Actualmente atenta contra intereses de EE.UU. y contra el gobierno de Atenas.

Guinea

La lucha que se desarrolla en Sierra Leona[12] dio lugar a varios enfrentamientos durante el año 2000. Un grupo revolucionario se unió a los rebeldes del frente (RUF) y cruzaron la frontera el 7 de septiembre, secuestrando a dos sacerdotes católicos no nativos que escaparían posteriormente (a principios de diciembre). El 17 de septiembre atacaron y mataron al alto comisario de las Naciones Unidas encargado de los refugiados, y secuestraron a su secretaria.

---

[12] Sierra Leona es una república del África septentrional que limita al norte y al este con Guinea. A comienzos de 1991 los grupos disidentes, con la ayuda de guerrilleros liberianos, se hicieron con el control de varias ciudades cerca de la frontera con Liberia, y además recibieron ayuda militar de Guinea y Nigeria. Las primeras elecciones democráticas tuvieron lugar en mayo de 1996.

India

- BABAR KHALSA (Sikhs) busca la independencia del Punjab o Khakistán. Emplea bombas, y está apoyada por Pakistán.
- FIJS (Federación Internacional de la Juventud Sij) pretende la creación de un estado independiente que se llamaría Kalistán.

La India también tiene que hacer frente a la violencia continuada asociada a varios movimientos separatistas establecidos en el nordeste del país.

El gobierno indio continuó cooperando con los Estados Unidos contra el terrorismo, especialmente para tratar de liberar a cuatro rehenes occidentales secuestrados en Cachemira en 1995, aunque no se les encontró. Diversas masacres de civiles en Cachemira fueron atribuidas a Lashkar-e-Tayyiba y a otros grupos militantes.

Indonesia

Indonesia experimentó un aumento del terrorismo internacional y doméstico durante el año 2000, con la intención de debilitar el gobierno central e impedir la difícil transición a la democracia[13]. Varias bombas fueron

---

[13] La invasión y posterior anexión por parte de Indonesia, en diciembre de 1975, de la antigua colonia portuguesa de Timor Oriental, provocó la condena de Portugal y de la ONU. En las elecciones parlamentarias

colocadas contra intereses extranjeros, y atacantes no identificados detonaron un automóvil bomba delante de la residencia del embajador Filipino en Yakarta central. La explosión mató a dos indonesios, hirió a otras tres personas -incluido el embajador- y a 18 espectadores, incluyendo un filipino y dos búlgaros. Otros terroristas no identificados dirigieron un ataque con granadas contra la Embajada de Malasia el 27 agosto, pero nadie resultó herido.

Otros seis atentados con bomba asolaron la capital, siendo el más destructivo el del 13 de septiembre de 2000, cuando una

---

de mayo de 1982, el Golkar volvió a ganar con una mayoría aplastante, y en marzo de 1983 el Parlamento reeligió a Suharto, que gobernó sin oposición e incrementó sus poderes presidenciales. En marzo de los años 1988 y 1993, sucesivamente, volvió a ser reelegido y a gobernar sin oposición.

Diversos organismos internacionales afirmaron que el Ejército indonesio había asesinado a más de 150.000 personas en el transcurso de la anexión, y las crecientes tensiones políticas en la región condujeron a las matanzas de los manifestantes favorables a la independencia, llevadas a cabo en noviembre de 1991 por los soldados indonesios. En 1996 se concedió el premio Nobel de la Paz a dos destacados luchadores contra la ocupación indonesa de la isla, el obispo católico Carlos Filipe Ximenes Belo y el abogado José Ramón Horta.

bomba explotó en el garaje situado debajo del edificio de la Bolsa y mató a 10 indonesios. Otros objetivos incluyeron la oficina del fiscal general, la residencia del Gobernador de Yakarta, un hotel, una organización no-gubernamental local, así como el Ministerio de Agricultura.

Sin embargo, el atentado más sangriento ocurrió en el 2002, cuando una potente bomba colocada en una discoteca de Kuta (Bali), a 945 kilómetros de Yakarta, además de otras de menor potencia en un bar y cerca del consulado norteamericano en Sanur, ocasionaron 187 muertos y 300 heridos. El cerebro de este atentado, Imam Samudra, fue capturado en noviembre de 2002.

Irán

MEK (Organización Muyaldín)
Posiblemente financiado por Irak, intenta derrocar el régimen de los ayatolá.

Irak

AL-DAWA (Chiíta) Organización de Acción Islámica, encarna la oposición a Sadam Hussein.

Israel

A finales de la década de los cuarenta, algunos radicales judíos, como la banda Stern y el

Irgun Zvai Leumi, utilizaron el terrorismo contra las comunidades árabes y otros grupos en su lucha por la hegemonía de Israel. Durante y después de la década de los sesenta, sus adversarios árabes decidieron utilizar el terrorismo de forma mucho más sistemática. La expulsión de guerrillas palestinas de Jordania en septiembre de 1970 fue conmemorada con la creación de un brazo terrorista extremista llamado Septiembre Negro.

Japón

- EJÉRCITO ROJO

Comenzó sus actos de terrorismo con la matanza en el aeropuerto de Tel Aviv, en septiembre de 1977.

- AUM (Verdad Suprema), secta creada por Shoko Asahara, fueron los autores de la contaminación química del metro de Tokio en el cual murieron 12 personas.

Las restricciones legales instituidas en 1999 comenzaron a dar fruto, y pronto cuatro personas fueron acusadas de la colocación de gas sarin en el metro en 1995. Tokio también hizo un gran progreso en sus esfuerzos para detener a miembros del Ejército Rojo japonés (JRA), acusando a cuatro de ellos y deteniendo a Yoshimi Tanaka, un miembro fugitivo del JRA involucrado en el secuestro de un avión de transporte japonés en 1970. También detuvo a Fusako Shigenobu, un líder fundador del JRA.

Laos

Varias pequeñas explosiones de origen indeterminado ocurrieron durante el año 2000, algunas de las cuales dañaron destinos turísticos y personas. Atacantes no identificados colocaron el 30 de marzo un explosivo en un restaurante, hiriendo a 10 turistas de Bretaña, Alemania y Dinamarca. Otras bombas fueron colocadas en julio en un mercado y en la oficina de correos, hiriendo a cuatro tailandeses y dos turistas extranjeros.

Líbano

HIZBULÁ o HEZBOLÁ (Partido de Dios) es un grupo Shií pro iraní que sigue realizando ataques suicidas contra israelitas y norteamericanos.

Malasia

Malasia experimentó dos actos de terrorismo internacional en el 2000, ambos perpetrados por el grupo filipino Abu Sayyaf (ASG). El ASG raptó a 21 personas, incluyendo 10 turistas extranjeros, liberando a todos ellos poco después, salvo a un filipino. Posteriormente, el 10 de septiembre, una facción de ASG también secuestró a tres malasios en la Isla de Pandanan.

Una secta malasia islamista conocida como Al-Ma'unah atacó a las fuerzas de seguridad en julio. Los miembros del grupo efectuaron una incursión en dos armerías militares de Perak, aproximadamente 175 millas al norte de Kuala Lumpur, y tomaron a cuatro rehenes, matando a dos de ellos -un policía y un soldado- antes de rendirse. Las autoridades de Malasia arrestaron y detuvieron a varios miembros, pues se sospecha que 29 de ellos fueron quienes efectuaron los ataques contra un templo hindú, una cervecería y una torre eléctrica.

Namibia

Durante el 2000 la violencia de la guerra civil angoleña (Ver más arriba) llegó hasta Namibia. Los choques en la zona fronteriza ocasionaron la muerte de nueve individuos, incluyendo varios extranjeros, además del asesinato de tres niños franceses el 3 de enero en la región de Caprivi, cuando su vehículo fue atacado por hombres armados de afiliación desconocida.

Nepal
El Partido Comunista (Guerrilla maoísta) intenta derrocar al monarca de ese reino por medios muy violentos.

Nicaragua
Fue el lugar elegido por Gorriarán Merlo en la época sandinista (años 80), para diversas acciones terroristas, entre ellas el asesinato de Pablo Emilio Salazar, alias Comandante Bravo, militar nicaragüense asilado en Honduras, y el atentado en que murió el dictador nicaragüense Anastasio Somoza Debayle, perpetrado en la capital de Paraguay, entre otros hechos.

Níger
En enero de 2000, una amenaza terrorista forzó a organizadores del París-Dakar a cancelar la etapa de Níger. Afortunadamente no hubo ningún ataque durante los 11.000 kilómetros de dicha carrera a través de Senegal, Burkina Faso, Malí, Libia, y Egipto.

Nigeria
En el 2000, grupos étnicos empobrecidos de la región productora de petróleo de Nigeria continuaron secuestrando a trabajadores locales y no nativos en un esfuerzo por beneficiarse del petróleo de Nigeria.

Secuestraron a unas 300 personas, incluyendo 54 extranjeros, entre abril y julio.
El incidente más serio ocurrió el 31 de julio, cuando jóvenes armados atacaron una perforación petrolífera y tomaron a 165 rehenes, incluyendo siete ciudadanos de los EE.UU. y cinco británicos. Todos los rehenes fueron posteriormente devueltos ilesos.

Pakistán

HUA (Harakat ul-Ansar) intenta la separación de Cachemira de la India. Ataca preferentemente a los militares, y se financia con el secuestro de turistas. Se cree que podría estar unido a las fuerzas del mulah Omar.
El gobierno militar de Pakistán, dirigido por el general Pervez Musharraf, tiene que pelear contra el UL-Mujahidin de Harakat, una organización no nativa terrorista, que continúa siendo activa. Se les asocia con el secuestro en diciembre de 1999 de un vuelo de Air India que dio lugar a la puesta en libertad de Maulana Masood Azhar, fundador del grupo Jaish-e-Mohammed, y que ha amenazado públicamente a los Estados Unidos.

Palestina

Entre la masiva oposición al régimen israelí cabe diferenciar las siguientes tendencias:

- FRENTE DE LIBERACIÓN DE PALESTINA (FPL), brazo armado que intenta aniquilar a Israel y construir un estado palestino. Escindidos del FPLP desde 1968.
- FRENTE POPULAR PARA LA LIBERACIÓN DE PALESTINA (FPLP), fundado en 1967 por Georges Habache dentro de la OLP, de la cual se separaron en 1993.
- FRENTE POPULAR PARA LA LIBERACIÓN DE PALESTINA (FPL), escindidos del FPLP a finales de los setenta.
- ABU NIDAL, escindida de la OLP en 1974, ha ocasionado ya más de 900 víctimas.
- YIHAD ISLÁMICA, que intenta acabar con Israel y realiza ataques suicidas.
- MUYAHIDIN DEL PUEBLO, que combate desde Irán a los ayatolaes de Teherán.
- HAMÁS, fundado en 1987, persigue la instauración de un estado islámico palestino.

Paraguay

Las autoridades de Paraguay arrestaron en febrero de 2000 a Ali Khalil Mehri, un hombre de negocios libanés que tenía conexiones financieras con Hizballah, aunque posteriormente logró huir aprovechándose de unos procedimientos judiciales defectuosos.

En noviembre arrestaron a Salah Abdul Karim Yassine, un palestino que había amenazado con bombardear las embajadas de EE.UU. e Israel en Asunción: se le encontraron documentos falsos y se le acusó de entrada ilegal en el país.

Perú

- El MRTA (Movimiento Revolucionario Tupac Amaru) ha realizado acciones muy importantes, como el secuestro de la Embajada del Japón, y atentados contra el ex-presidente Fujimori.
- SENDERO LUMINOSO ataca a los agricultores para robarles, aunque se financia con el narcotráfico. Su líder, Abimael Guzmán, fue detenido y encarcelado en septiembre de 1992.

Aunque recientemente no ha habido actos terroristas en Perú, el sistema judicial peruano continuó procesando a individuos acusados de cometer actos nacionales. De las 314 personas arrestadas por su implicación en actos de terrorismo significativos, 30 fueron condenados a cadena perpetua, y 25 a condenas entre 20 y 30 años. Lima solicitó la extradición desde Bolivia del terrorista Justino Soto Vargas, y aunque el gobierno de La Paz concedió la petición, el derecho de asilo político la impidió finalmente.

En abril del 2000 las autoridades capturaron a José Arcela Chiroque (alias Ormeno), y posteriormente a Macario (alias Artemio) y al "camarada Alipio" del grupo SL.

Reino Unido

La situación actual sigue compleja, y se puede resumir así:

- El IRA (Ejército Republicano irlandés) dice pretender la unión del Ulster con Irlanda, y para presionar emplean atentados con bombas y secuestros.
- El IRA AUTÉNTICO no quiere la paz con los ingleses, y emplea coches bombas en sus atentados. Se desmarcaron del IRA antes del acuerdo de paz.
- UVF (Fuerza de los Voluntarios Leales del Ulster) tampoco quieren la paz, y suelen emplear armas ligeras contra los católicos.

Rusia

El hecho más reciente ocurrió cuando un grupo terrorista chechenio secuestró en octubre de 2002 a más de 700 personas que asistían a una función en el teatro Dubrovka de Moscú, entre los cuales había numerosos niños. Colocaron más de 30 bombas en el edificio, llevando además atados en su cuerpo explosivos para inmolarse, amenazando con hacerlos explotar si no acababa la guerra en

Chechenia en pocos días. Fuerzas de elite de la policía y el ejército ruso entraron en el interior del recinto cuando los terroristas comenzaron a ejecutar a los rehenes, muriendo en la operación 50 terroristas y más de 90 rehenes, mientras que resultaron heridos 546 civiles y los 3 únicos terroristas sobrevivientes.

Somalia

Según la embajada de los EE.UU. en Nairobi, Kenia, pistoleros somalíes no identificados abrieron fuego en 2000 contra un avión de la ONU que salía de la ciudad portuaria de Kismaayo en Somalia meridional. Ningún grupo demandó la responsabilidad del ataque, que no dio lugar a lesiones y solamente ocasionó daños de menor importancia al avión. Al grupo terrorista Al Ittihad Al Islam se le atribuyen los últimos atentados.

Sri Lanka

El FRENTE DE LIBERACIÓN TIGRES TAMILES busca la escisión de la zona norte del país, y fueron los autores de la muerte de Rajiv Gandhi y Premadasa. Pretenden la creación de un estado tamil independiente y para ello el jefe de la delegación tamil, Antón Balasingham, ha establecido varios contactos con el gobierno de Sri Lanka para lograr la paz.

El grupo separatista LTTE, designado en 1999 como una organización no nativa terrorista, efectuó posteriormente varios actos terroristas contra objetivos civiles y gubernamentales. Los ataques del LTTE, incluyendo bombas humanas suicidas, mataron a más de 100 personas, incluido el ministro del desarrollo industrial Goonaratne, e hirieron a docenas de civiles. Dos ciudadanos de los EE.UU. y un británico fueron víctimas fortuitas del grupo cuando un suicida del LTTE, arrinconado por el policía, detonó su bomba cerca de Colombo. El LTTE continuó su enfrentamiento contra Sri Lanka, efectuando un ataque naval suicida y secuestrando una nave rusa.

La guerra en el norte entre los tigres y el gobierno de Sri Lanka continuó[14], aunque a finales de 2000 el gobierno había vuelto a tomar el 70 por ciento de la península de Jaffna. Gracias a los esfuerzos del gobierno

---

[14] En Sri Lanka (antigua Ceilán) los tamiles autóctonos y los tamiles procedentes de la India son la minoría más numerosa, pues juntos alcanzan aproximadamente el 18% de la población. En 1983 comenzó una guerra civil entre el gobierno dominado por los cingaleses y la Liberación de los Tigres de Tamil Eelam (LTTE), un grupo rebelde que pretendía crear un Estado para la minoría tamil en las zonas septentrionales y orientales de Sri Lanka

noruego, el LTTE anunció unilateralmente un alto el fuego en diciembre de ese año.

Varios actos terroristas han sido atribuidos a otros grupos de Sri Lanka, especialmente el ataque a la embajada noruega y el asesinato de G. G. Kumar Ponnambalam, Jr.

Turquía

- El PKK (Partido de los Trabajadores del Kurdistán) desea la creación del Estado Kurdo obteniendo la independencia de las provincias del sureste de Anatolia. Secuestran turistas y realizan atentados. Su máximo líder, Abdulá Ocalan, está detenido y condenado a muerte, aunque la sentencia fue suspendida en espera de los resultados de una apelación ante el Tribunal Europeo de Derechos Humanos.
- El DEVRIMCI SOL, DEV SOL (Ejército de Liberación del Pueblo Revolucionario) desde 1978 atenta contra empresas norteamericanas y turistas.

LA LUCHA CONTRA EL TERRORISMO EN EUROPA

A pesar de que en la actualidad son los grupos islámicos quienes aparecen más frecuentemente ligados a actividades terroristas en los medios, no hemos de olvidar que Europa tiene, en el pasado y en la actualidad, la mayor abundancia de grupos terroristas de todo el mundo occidental. Por ello, varios estados europeos se han agrupado para consolidar y codificar la legislación contra el terrorismo, y muchos han firmado un convenio internacional para la supresión del financiamiento a los terroristas. Como medidas esenciales han decidido congelar las cuentas bancarias de las organizaciones terroristas, impedir sus operaciones políticas y denegar el derecho de asilo. Estos son, país por país, los principales hechos relacionados con el terrorismo en nuestro continente.

Alemania

En Alemania Occidental, la llamada Facción del Ejército Rojo, más conocida como la banda Baader-Meinhoff, efectuó numerosos atracos a bancos y asaltó instalaciones militares estadounidenses. Sus acciones más espectaculares tuvieron lugar en 1977, con el secuestro y asesinato de un importante industrial, Hans-Martin Schleyer, y el posterior secuestro, realizado por simpatizantes árabes, de un avión de Lufthansa con destino a Mogadiscio, en Somalia. Al igual que lo hiciera el grupo terrorista japonés Ejército Rojo, los miembros de la banda alemana colaboraron a menudo con los terroristas palestinos, siendo de especial relevancia el asesinato de atletas israelíes durante los Juegos Olímpicos de Munich en 1972. A finales de la década de los setenta, la mayor parte de los activistas de la Facción del Ejército Rojo se encontraban en prisión o habían muerto.

La violencia de la extrema-derecha contra los inmigrantes en Alemania creció a partir del 1999, y se convirtió en un problema importante de orden público. El ministerio del interior alemán deliberó en noviembre de 2000 sobre el problema, y recomendó a las autoridades federales adoptar medidas de control, incluyendo establecer bases de datos para anular a los grupos extremistas, tanto de izquierda como de derecha. Según sus conclusiones, los funcionarios alemanes no detectaron ningún renacimiento de la actividad de extrema-izquierda en el 2000, especialmente del grupo Facción Roja dentro de la Royal Air Force, que fue disuelto en 1998. Johannes Weinreich, un antiguo miembro de la RAF y lugarteniente de Carlos el Chacal, se declaró culpable del ataque en 1983 a un centro cultural francés situado en el entonces Berlín-oeste. En noviembre de 1988, el miembro de la RAF Andrea Klump participó en un ataque fallido a la base de la OTAN en Rota, España, mientras que en diciembre de ese mismo año Hans-Joachim Klein fue acusado de tres asesinatos en 1975 relacionados con miembros de la OPEP.

Las cortes alemanas declararon culpable a Metin Kaplan, líder del grupo turco Kalifatstaat, y lo sentenciaron a cuatro años en prisión por pedir públicamente la muerte de un rival.

Otras acciones antiterroristas incluyen a cinco personas acusadas en 1986 de bombardear la discoteca Labelle y matar a dos mecánicos americanos.

Alemania continuó cooperando multilateralmente y bilateralmente -especialmente con los Estados Unidos- para combatir el terrorismo, y en el año 2000 arrestaron y pidieron la extradición desde los Estados Unidos de un sospechoso de las bombas colocadas en 1998 en las embajadas americanas en África oriental.

Austria

Una vez fallecido el terrorista Franz Fuchs, quien se declaró culpable de ser el cerebro organizador de una serie de cartas-bombas en Austria y Alemania entre 1993 y 1997, las actividades terroristas han disminuido en este país.

Las autoridades han demostrado que Halimeh Nimr, miembro de la organización terrorista Abu Nidal (ANO), encarcelado desde enero a mayo, intentó sacar unos 8 millones de dólares de una cuenta bancaria perteneciente a esa organización, amenazando con atacar intereses austriacos si no se lo permitían.

En el 2000, Francia declinó una petición del gobierno austriaco para que Illich Ramírez Sánchez, alias Carlos el Chacal, fuera extraditado para ser juzgado de su ataque terrorista contra las jefaturas de la OPEP de Viena en 1975.

El gobierno austriaco, por su parte, continuó permitiendo que el frente político del Partido de los Trabajadores del Kurdistán (PKK) mantuviera sus oficinas en Viena, que han estado abiertas desde 1995. Las autoridades estiman que residen en Austria unos 400 militantes de PKK y 4.000 simpatizantes.

El 24 de septiembre de 2001 Austria firmó el Convenio Internacional para la represión de la financiación del terrorismo, aunque su presidente Thomas Klestil advirtió que la lucha contra el terrorismo no debe ser utilizada para servir a un interés hegemónico. "Con demasiada frecuencia -dijo- la lucha contra el terrorismo se utiliza como excusa para limitar las libertades civiles".

Bélgica

Los ministros del interior de Bélgica y de España acordaron en Bruselas discutir la denegación de Bélgica para extraditar a los miembros de ETA que allí residen.

En el año 2000, Bélgica rechazó igualmente una petición de Turquía para extraditar a la terrorista turca Fehriye Erdal, con el fin de que fuera procesada por su papel en el asesinato en 1996 de un industrial turco prominente y de dos asociados en Estambul. Erdal, arrestada en Bélgica en 1999, es miembro del grupo terrorista Party/Front (DHKP/c). Las autoridades belgas negaron la petición de Turquía, alegando que allí sería condenada a la horca. Bélgica también declinó procesarla anteriormente en 1997, diciendo que los acuerdos internacionales solamente cubren actos terroristas usando bombas o armas automáticas. Después de que Bruselas negara la petición política, la activista comenzó una huelga de hambre y finalmente terminó con un arresto domiciliario. Ahora se investigan otra serie de asesinatos en los cuales puede estar involucrada.

En febrero de 2000 las autoridades dejaron en libertad condicional a dos miembros de las "Células Comunistas Combatientes" después de que hubieran cumplido catorce años de prisión por su implicación en una serie de ataques con bombas contra oficinas de los EE.UU. y la OTAN, así como por la muerte de dos bomberos y diversos sabotajes a intereses belgas en 1984 y 1985.

Francia

Durante el año 2000, Francia mantuvo su postura tradicional contra el terrorismo. En el frente legal, París fue el primero en firmar el convenio internacional para la supresión del financiamiento de los terroristas, que era precisamente una iniciativa francesa. El plan del gobierno francés, que utiliza fuerzas militares para reforzar la seguridad de la policía en París y otras ciudades importantes, intenta prevenir que se repitan los ataques terroristas del metro de París por parte de grupos argelinos.

En enero de ese año, el grupo vasco-francés ETA relanzó sus asesinatos y campañas de intimidación en España, y la policía francesa respondió con un mayor control en sus fronteras, arresto de miembros del grupo, y cerrando células logísticas y de información en Francia. Estas acciones continuaron durante todo el año 2002.

Las actuaciones policíacas francesas más significativas fueron: condena de ocho años de encarcelamiento al miembro de ETA Javier Arizkuren Ruiz, alias Kantauri, uno de los jefes de las operaciones militares de ETA; atender posteriormente la petición del gobierno español de extradición para que respondiera de su tentativa de matar al rey Juan Carlos en 1995; condenar a largas penas de cárcel a otros doce militantes de ETA, siendo especialmente importante la sentencia que permitió encarcelar durante 10 años a Daniel Derguy, uno de los jefes de ETA en Francia; condenar a 10 miembros de ETA franceses y españoles, entre ellos Gracia Arregui, alias Iñaki de Rentería, por conspiración criminal y su conexión con una organización terrorista.

Ahora Francia suele extraditar a los terroristas de ETA condenados en España cuando han terminado sus sentencias allí.

En noviembre de 2000, las cortes francesas también condenaron a siete ciudadanos españoles por su calidad de miembros del grupo terrorista Primero de Octubre (GRAPO.) En diversas incursiones durante el año, los funcionarios de policía requisaron numeroso material de propaganda y armas, así como documentos falsos de identidad, y grandes cantidades en efectivo.

Aparte del terrorismo etarra y del Grapo, en octubre un juez francés condenó al libio Muammar Qadhafi por "complicidad para asesinar" en el ataque con bombas en 1989 contra un avión de la UTA que cayó sobre el desierto de Níger y en el que perecieron 170 personas.

Las cortes francesas actuaron igualmente entre el 2000 y el 2002 contra un número indeterminado de nacionalistas argelinos que portaban armas, entre ellos a Amar Bouakaze, quien fue condenado por su conspiración criminal en la conexión con una organización terrorista.

La evidencia conectó a Bouakaze con Ahmed Ressam, un terrorista requerido por Estados Unidos, quedando igualmente detenido el nacionalista argelino que hizo descarrilar un tren en Francia, dejando dos personas muertas.

El Ejército Bretón de Resistencia (ARB) asumió la responsabilidad de un ataque con bombas que dañó un restaurante McDonald's en Pornic, aunque negó su implicación en otro ataque a la misma cadena cerca de Dinan en el que murió un empleado francés. La policía francesa arrestó a cuatro miembros del grupo nacionalista bretón Emgann (combate) presuntamente implicados en el ataque de Dinan.

Seis grupos corsos pro-independentistas proclamaron un alto el fuego a finales de 1999, pero nuevos ataques con bombas contra oficinas gubernamentales fueron efectuados intermitentemente entre 1999 y 2000, asumiendo uno de ellos la responsabilidad de un ataque fallido en París en el mes de junio de 2000. En octubre de ese mismo año, los separatistas corsos colocaron un coche-bomba delante de una comisaría de policía en Marsella, aunque el dispositivo no fue construido para detonar sino para servir como alerta para un futuro ataque y para evidenciar las capacidades del grupo. Igualmente, las cortes francesas condenaron a 10 nacionalistas corsos a cuatro años de encarcelamiento por un ataque que dañó diversas instalaciones en Córcega en 1994. Los esfuerzos del contraterrorismo en Francia han sido por el contrario menos intensos en el

frente diplomático, especialmente contra el terrorismo iraní.
En febrero de 2002 fueron detenidos en Burdeos los etarras Ángel Cruz Arrozpide, responsable de la formación de etarras en Francia, así como los responsables de los coches bomba de Barajas, Málaga y Salou, el 'carcelero' de Aldaya y Delclaux, y uno de los terroristas que boicoteó la apertura de los Mundiales de Atletismo de Sevilla.

España

Después de abandonar un alto el fuego en 1999 (en realidad se trató de un reagrupamiento), el grupo terrorista ETA empezó una campaña a lo largo de todo el país con bombas y asesinatos, siendo sus objetivos preferenciales el personal policiaco, militar y político, así como periodistas, hombres de negocios y de leyes. En el año 2000 aumentó sus objetivos, incluyendo también tiendas, grandes superficies y personas pertenecientes a clases sociales no significativas. El público respondió con grandes demostraciones de repulsa en las ciudades y pueblos, exigiendo el cese de la violencia. Esto ocasionó un recrudecimiento de sus acciones, uniéndose a ellos grupos de jóvenes vascos mediante actos de violencia callejera e incendios provocados.

Por su parte, el Grupo de Resistencia Anti-fascista Primero de Octubre (GRAPO), inactivo durante los últimos años, reanudó sus actividades en el 2000. En noviembre el grupo asesinó a un policía español que perseguía a siete líderes del GRAPO en París, mató en mayo a dos guardias de seguridad durante un robo a un furgón blindado, y llevó a cabo varios atentados con bomba que ocasionaron daños materiales, pero ningún herido.

Ese mismo mes, el Ministro del Interior declaró que había sido detenido en Francia el principal grupo operatorio del GRAPO, así como la cúpula directiva.

Los ministerios del interior español y francés cooperaron estrechamente para combatir el terrorismo, arrestando a numerosos miembros de ETA, tanto del aparato logístico como de sus células de apoyo, siendo de especial relevancia el cierre del diario Egin. Francia entregó a España a terroristas de ETA detenidos anteriormente, entre ellos a varios líderes. España también afianzó la colaboración con México cuando este país afirmó que nunca más sería un santuario o refugio para los terroristas de ETA. Esta decisión fue adoptada por todos los presidentes Iberoamericanos, excepto por el gobierno de Castro en Cuba, cuya negativa dañó las relaciones bilaterales.

Recientemente ETA fue considerada grupo terrorista por la Unión Europea y los EE.UU., tras de lo cual se detuvo a los integrantes de Gestoras Pro-amnistía por su pertenencia a la banda armada. También su brazo político, Batasuna, ha sido declarado ilegal.

Grecia

El Gobierno griego emprendió algunos pasos significativos para combatir el terrorismo, especialmente contra la Organización Revolucionaria 17 de noviembre, acusada del asesinato en junio de 2000 del agregado de defensa del Reino Unido Stephen Saunders en Atenas. Este grupo nacionalista de extrema-izquierda reivindicó dicho asesinato como venganza contra la acción del ejército de la OTAN en 1999 contra Serbia. El grupo asumió también la responsabilidad por los ataques de 1999 contra las residencias de los embajadores alemán y holandés, así como contra tres bancos occidentales.

El gobierno fortaleció la unidad entre los diferentes grupos policiales y llevó a cabo un programa de premios multimillonarios para buscar pistas, mientras cambiaba la legislación para darse una base legal contra el terrorismo. Expertos griegos, británicos y americanos cooperaron estrechamente en la investigación sobre el asesinato de Saunders, pero a pesar de éstas y otras iniciativas prometedoras, así como la cooperación con los EE.UU., Atenas no arrestó a ningún sospechoso terrorista en 2000.

El gobierno pidió la colaboración de los ciudadanos en su lucha contra el terrorismo, y el ministro Khrisokhoidhis ofreció un premio de 2,5 millones de dólares a quienes aportaran información sobre los terroristas, mientras mantenía una intensa colaboración con los agentes británicos. Durante la primavera de ese mismo año el Núcleo Revolucionario, otro grupo terrorista de extrema-izquierda -nacionalistas-, bombardearon dos edificios que pertenecían a dos compañías, así como tres ataques, casi simultáneos, a un banco británico, otro americano, y a la casa de un escultor griego artífice de una estatua colocada en la embajada americana.

Diversos grupos anarquistas asumieron la responsabilidad de dos incendios y ataques con bombas a lo largo del año 2000 en diversos establecimientos y vehículos, casi siempre en Atenas, muchos de ellos pertenecientes a diplomáticos, compañías extranjeras, oficiales griegos y altos ejecutivos del sector público. Los más prolíficos fueron Estrella Negra y Facción Anarquista, quienes llevaron a cabo 31 ataques en ese año, aunque no se realizó ninguna detención como resultado de la labor policial.

Italia

La fuerza de los terroristas italianos, cuyo ejemplo histórico más importante fueron las Brigadas Rojas, puede tener su origen en la tradición anarquista del país, pero también en su tradicional inestabilidad política. Las actividades de dichas brigadas culminaron en 1978 con el secuestro y posterior asesinato del antiguo primer ministro y personaje clave de la Democracia Cristiana, Aldo Moro. El terrorismo de izquierda disminuyó años después, gracias a las medidas policiales, aunque no desapareció del todo, tal y como quedó patente en 1980 con la explosión ocurrida en la estación de ferrocarril de Bolonia. La histórica Galería de los Uffizi de Florencia fue también uno de los objetivos de una serie de atentados terroristas que tuvieron lugar en 1993, al parecer ejecutados por la mafia. Muchos de estos atentados son hoy considerados como ejercicios de "propaganda negra", concebidos tanto por la derecha como por otros grupos para propiciar un clima de inestabilidad favorable a un gobierno autoritario.

En diciembre de 2001 la policía descubrió numerosas irregularidades contables en sociedades comerciales de la región de Lombardía (norte) en una investigación sobre los activistas islámicos recientemente detenidos y que se relacionan con la financiación de la red terrorista "Al Qaeda".

Kenia

Hasta entonces lugar de vacaciones para ciudadanos norteamericanos e israelitas, la ciudad costera de Mombasa sufrió el 28 de noviembre de 2002 un ataque terrorista contra el hotel Paraíso, en el cual murieron trece turistas y los tres terroristas que conducían el vehículo lleno de explosivos. Cerca de allí, y de forma casi simultánea, fueron lanzados dos misiles hacia un avión que viajaba rumbo a Israel, aunque afortunadamente no impactaron y pudo aterrizar sin problemas en el aeropuerto de Tel Aviv.

Reino Unido

La campaña terrorista llevada a cabo por el IRA surgió a partir del movimiento irlandés de los años sesenta a favor de los derechos civiles, que reclamaba mejores condiciones para los católicos de Irlanda del Norte. El terrorismo cada vez más intenso, utilizado tanto por católicos como por protestantes, desembocó en la segregación de ambas

comunidades en zonas vigiladas por soldados y en la militarización de Irlanda.
Motivados por una ideología revolucionaria de izquierda y apoyados por Libia y otros gobiernos simpatizantes, el IRA Provisional realizó una serie de explosiones, asesinatos y otros atentados terroristas, dentro y fuera de Irlanda, destinados tanto contra objetivos militares como civiles. La campaña continuó hasta que el IRA declaró un alto el fuego el 31 de agosto de 1994.

El Reino Unido promulgó dos leyes para contrarrestar el terrorismo internacional y continuó su íntima cooperación con los Estados Unidos y otras naciones. Como en años anteriores, las autoridades enfocaron su acción principalmente contra la amenaza del IRA, mientras continuaban sus esfuerzos para combatir a los terroristas islamistas internacionales establecidos o en tránsito por el Reino Unido. El Acta contra el Terrorismo, promulgada en julio de 2000 y eficaz en febrero de 2001, reemplazó leyes temporales y de emergencia que se mantuvieron solamente para el terrorismo de Irlanda del Norte.

Se alargaba la definición de terrorismo doméstico e internacional a lo largo del Reino Unido, cubriendo ahora actos violentos y amenazas contra las personas y las propiedades, incluyendo sistemas electrónicos que pudieran influir en el gobierno o promover causas políticas, religiosas, o ideológicas. El Acta autoriza que el gobierno prohíba los movimientos de grupos involucrados en terrorismo doméstico o callejero y que pueda usar poderes especiales para arrestar a sus miembros o partidarios.

Aun así, los asesinatos aumentaron de siete en 1999 a dieciocho en 2000. Al RIRA se le considera responsable de los atentados en Irlanda del Norte, así como en el centro de Londres. Uno de los actos más espectaculares fue el ataque con cohetes que causó daños menores a la oficina principal del Servicio de Inteligencia MI6, en Londres. Hay también evidencias que relacionan al RIRA con el ataque en Omagh en 1998, que dejó veintinueve muertos, y con el asesinato en 1999 de la abogada Rosemary Nelson. También el partido SINN FEIN fue acusado en 2002 de colaborar en actos de terrorismo con el IRA.

Londres y Washington trabajaron para detener a los sospechosos del ataque de las dos embajadas americanas en África oriental en 1998, así como del originado en Lockerbie, Escocia, en 1988. Los tribunales encontraron culpables a Khaled al-Fawwaz, Ibrahim Hussein Abd al-Hadi Eidarous, y Abel Muhammad Abd al-Majid del ataque a las embajadas, y se procedió a su extradición. En abril de 2000 se vigiló estrechamente las residencias de supuestos socios de Osama Ben Laden y su red terrorista, y en mayo se estableció su conexión con dos libaneses residentes en los Países Bajos. Estas personas cobraban por los asesinatos y parecían trabajar para los Servicios de Inteligencia del Líbano. Uno de ellos, Al-Amin Kalifa Fahima, sin embargo, fue puesto en libertad pues no se aportaron "pruebas más allá de la duda razonable", algo innecesario en casos delictivos.

Las autoridades británicas ayudaron también a los oficiales griegos en la investigación del asesinato del Agregado de Defensa de Bretaña en Atenas por el grupo terrorista 17 de noviembre.

Londres continúa aún investigando el asesinato de ciudadanos británicos y americanos en Yemen en 1998, así como la colocación de una bomba en su Embajada en San'a en 2000, el día después del ataque al USS Cole.

Turquía

La lucha contra el terrorismo ha sido una prioridad política en Turquía, tanto el interno como el procedente del extranjero, especialmente el generado por integristas islámicos y grupos izquierdistas. En el año 2000, los éxitos turcos en su lucha contra el terrorismo fueron contundentes y se tradujeron en una incidencia muy baja en la actividad terrorista. El Gobierno turco ha permanecido siempre a la vanguardia en el esfuerzo contra el terrorismo internacional, trabajando estrechamente con Washington en grupos especiales.

Bajo la dirección de su líder encarcelado, Abdullah Ocalan, el grupo PKK, que habían tratado durante mucho tiempo de lograr un estado kurdo independiente a través de la violencia, manifestó su intención de intentarlo ahora mediante una campaña política. El gobierno respondió a este deseo de cambio, y el Primer ministro Ecevit advirtió que revisaría su decisión de aplicar la pena de muerte a Ocalan si el PKK desistía de su campaña de atentados. Entretanto, el número de enfrentamientos violentos entre el PKK y las fuerzas del gobierno disminuyó a 45 los primeros 11 meses del año 2000, cifra muy pequeña comparada con los miles en años anteriores. Las fuerzas turcas montaron dispositivos muy poderosos contra los pocos cientos de guerrilleros violentos del PKK en el sudeste de Turquía, así como contra otros que se habían retirado al norte de Irak para alistarse junto a grupos kurdos iraquíes que han luchado esporádicamente con el PKK durante los últimos años.

Las fuerzas de seguridad turcas continuaron su eficaz campaña contra el grupo terrorista de extrema-izquierda DHKP/C y en agosto de 2000 la policía arrestó a siete terroristas sospechosos de planear atacar el aeropuerto de Incirlik perteneciente a las fuerzas conjuntas de EE.UU., Reino Unido y Turquía, situado en una zona neutral en Irak.

Ese mismo año el DHKP/C, unido a otras facciones de extrema-izquierda, realizó repetidos motines en las prisiones para protestar contra la decisión del gobierno de transferir a los prisioneros más conflictivos a otros lugares donde les pudieran controlar mejor y estuvieran más aislados. En uno de ellos, la violencia desatada ocasionó la muerte de 2 policías y 30 prisioneros.

La policía y los jueces, en fin, han permanecido alertas contra grupos islamistas, entre ellos el Hizballah, de quienes se cree reciben apoyo desde Irán. Se trata de un grupo terrorista anti-occidental al que se acusa de 156 asesinatos. También han arrestado a los miembros de los Guerreros de Jerusalén, un grupo étnico relacionado con el Hizballah turco y que están acusados de 22 asesinatos.

En abril de 2002, como parte de un giro en su táctica política, el PKK cambió su nombre por

KADEK, o Congreso Kurdo de Libertad y Democracia. A pesar de su nueva etiqueta y de los intentos de crear una nueva imagen, el PKK-KADEK sigue oficialmente incluido en la lista de organizaciones terroristas, tanto en la Unión Europea como en Estados Unidos.

TERRORISTAS INTERNACIONALES

A continuación presentamos las fichas de los 10 terroristas más perseguidos de la historia, acusados de actos de terrorismo internacional, así como las semblanzas de dos de ellos, de triste notoriedad ayer y hoy.

Khaled Shaikh Mohammad
En 1995 planificó la explosión de 12 aviones civiles sobre el Océano Pacífico.

Fecha de nacimiento:	14/4/65 ó 1/3/64
Lugar de nacimiento:	Kuwait o Pakistán
Estatura:	1,65 m
Peso:	60 k
Cabello:	Negro/castaño oscuro
Ojos:	Castaños
Tez:	Morena o morena clara
Sexo:	Masculino
Características	Cara ovalada, barba y bigote, barba recortada, bien afeitado, a veces usa gafas.
Alias:	Khaled Shaikh, Salem Ali, Abu-Khuala, Ashraf Refat Nabiah Henim
Constitución física:	Cuerpo mediano con un poco de sobrepeso

Abdul Rahman Yasin

Se le acusa de ser uno de los responsables de los atentados del 11 de septiembre.

Fecha de nacimiento:	10 de abril, 1960
Lugar de nacimiento:	Bloomington, Indiana
Estatura:	Aproximadamente 1,75 m
Peso:	Aproximadamente 81,65 k
Cabello:	Negro
Ojos:	Castaños
Tez:	Morena
Sexo:	Masculino
Nacionalidad:	Iraquí y estadounidense
No. de pasaporte	27082171, expedido el 21/6/92 en Ammán, Jordania
Características:	Posible quemadura química en el muslo derecho. Padece de epilepsia y toma medicamentos para controlarla.
Alias:	Abdul Rahman Said Yasin, Aboud Yasin, Abdul Rahman S. Taha,

	Abdul Rahman S.Taher
Raza:	Blanca
No. de pasaporte de Irak:	MO887925 a nombre de Abdul Rahman S. Taher
Constitución física:	Mediana

Muhammad Atef

Es uno de los responsables de las explosiones de las embajadas de los Estados Unidos en Tanzania y Kenya ocurridas el 7 de agosto de 1998.

Fecha de nacimiento:	Desconocida
Lugar de nacimiento:	Probablemente Egipto
Estatura:	Aproximadamente 1,8 - 2,4 m
Peso:	Desconocido
Cabello:	Castaño oscuro o negro
Sexo:	Masculino
Alias:	Abu Hafs; Abu Hafs el-Masry el-Khabir; Taysir; Sheikh Taysir Abdullah
Características	Barba completa y bigote
Ciudadanía:	Egipto

Mustafa Mohamed Fadhil

Responsable de los atentados contra las embajadas de Estados Unidos en Kenya y Tanzania, el 7 de agosto de 1998.

Fecha de nacimiento:	1976
Lugar de nacimiento:	Egipto, pero ha indicado que nació en Mombasa, Kenya
Estatura:	1,52 m - 1,8 m
Peso:	Aproximadamente 54,4 - 63,5 k
Cabello:	Negro, rizado y corto
Tez:	Morena
Sexo:	Masculino
Nacionalidad:	Iraquí
Alias:	Hussein, Mustafa Ali Elbishy, Moustafa, Mustafa Fazul, Mustafa Mohamed, Hassan Ali, Mustafa Mohamed Fadhil
Raza	Negra, árabe
Esposa:	Fátima o Fatma Said Sagger

Ahmed Khalfan Ghailani
Buscado por su implicación en los atentados contra las embajadas de Estados Unidos en Dar Salaam, Tanzania, y Nairobi, de Kenia.

Fecha de nacimiento:	22-26 años de edad
Lugar de nacimiento:	Zanzíbar, Tanzania
Estatura:	De baja estatura

Peso:	Desconocido
Cabello:	Negro
Ojos:	Castaños o negros
Sexo:	Masculino
Nacionalidad:	Tanzania
Características:	Bien afeitado, posiblemente bigote poco poblado
Alias:	Abu Khabar, Abu Bakr, K. Ahmed, posiblemente Ahmed El Tanzano

Fazil Abdullah Mohammed

Buscado por el asesinato de ciudadanos estadounidenses en el extranjero y por el ataque contra una instalación federal.

Fecha de nacimiento:	02-25-1974 ó 12-25-74
Lugar de nacimiento:	Desconocido
Estatura:	1,651 m
Peso:	63,5 k
Cabello:	Corto, oscuro y rizado
Ojos:	Castaños
Tez:	Morena
Sexo:	Masculino
Nacionalidad:	Costa africana; islas Comoras
Idiomas:	Inglés, francés, suahili, árabe
Alias:	Harun, Harun Fahdl, Harun

	Fazul, Fazul Mohammed, Fazul Abdallah Mohammed, Fazul Abdallah
Ocupación:	Maestro
Constitución física:	Delgado

Sheikh Ahmed Salim Swedan
Diversos atentados contra intereses extranjeros en Sudáfrica. Detenido en Mandera (Nairobi) por la policía keniana en diciembre de 2001

Fecha de nacimiento:	9 de abril de 1969
Lugar de nacimiento:	Desconocido
Estatura:	1,69 - 1,74 m
Peso:	Constitución fuerte
Cabello:	Negro, rizado y corto.
Ojos:	Negros o castaños
Sexo:	Masculino
Nacionalidad:	Kenya, procedente de Yemen
Características	Bigote poco poblado y barba corta.
Alias:	Ahmed Ally; Sheikh Bahamad

Fahid Mohammed Ally Msalam

Por su implicación en el atentado el 7 de agosto de 1998, a las embajadas de Estados Unidos en Dar Salaam, Tanzania, y Nairobi en Kenia.

Fecha de nacimiento:	19-2-76
Lugar de nacimiento:	Mombasa, Kenya
Estatura:	1,69 - 1,74 m
Peso:	81,64 - 82 k
Cabello:	Negro, rizado y corto
Ojos:	Negros
Sexo:	Masculino
Nacionalidad:	Posiblemente de Kenya o de Yemen
Situación:	Fugitivo
Alias:	Mohamed Ally Msalam; Fahid Mohammed Ali; Fahid M. Ally; Fahad Muhamad Ali
Idiomas:	Suahili, Árabe

Osama Ben (Bin) Laden

Se le considera el máximo responsable de la red terrorista Al-Qaeda.

Fecha de nacimiento:	Aproximadamente, 1957
Lugar de nacimiento:	Arabia Saudita
Estatura:	1,94 - 1,98 m
Peso:	62 - 71 k
Cabello:	Castaño oscuro
Ojos:	Castaños
Tez:	Morena clara
Sexo:	Masculino
Nacionalidad:	Arabia Saudita
Características	Barba completa y bigote. Camina con bastón.
Alias:	El Príncipe, el Emir, Abu Abdallab

Luis Edgar Devia Silva
Buscado por su vinculación al narcotráfico, y por delitos de homicidio, hurto, asalto y terrorismo.

Fecha de nacimiento:	30 de septiembre de 1948
Lugar de nacimiento:	La Plata, Huila
Estudios:	Medios
Estado civil:	Casado
Grupo:	FARC
Cargo:	Relaciones internacionales

Tez:	Morena
Sexo:	Varón
Características	Cicatriz en índice izquierdo
Alias:	Raúl Reyes
Aficiones:	Pesca

Un terrorista de ayer: Carlos "El Chacal"
(Illich Ramírez Sánchez)
Venezuela 1949

Quien fuera el terrorista más buscado de toda la historia es descendiente de una familia acomodada económicamente. Influido desde su juventud por las tendencias políticas de su padre, defensor de la lucha armada, asumió esta doctrina junto a sus otros tres hermanos. Inscritos todos inicialmente en un prestigiado instituto londinense, fueron trasladados pronto a Moscú ante los reiterados fracasos en sus estudios. Allí Ilich estableció contactos con estudiantes palestinos relacionados con la lucha armada, además de mantener frecuentes reuniones con ciertos miembros violentos de la KGB, lo que provocó que en 1970 fuera expulsado de la Universidad. Se sabe también que a comienzos de esa década ingresó en el Frente Popular de Liberación de Palestina, y que en estos mismos años participó como guerrillero con el ejército del rey Hussein de Jordania, donde desarrolló su actividad como estratega. Volvió a Londres como agente secreto, pero al poco tiempo abandonó la ciudad perseguido por los servicios de inteligencia que ya por entonces le apodaban "El Chacal".

Para encubrir su verdadera identidad, Illich empleó distintos nombres, siendo Carlos uno de ellos, por el que sería mundialmente conocido. En 1973 se instala en París y se le hace responsable del estallido de varios coches-bomba que se activan en las sedes de algunos diarios. En diciembre de ese mismo año asalta la mansión de Joseph Sieff, presidente de Mark & Spencer (uno de los grandes almacenes de Inglaterra), quien era además vicepresidente honorario de la Federación Sionista británica, una organización instrumento para conseguir millones de libras para la causa israelita. Milagrosamente, el millonario salvó la vida.

Poco después Ilich (ya conocido como Carlos) se traslada a Holanda, donde colabora con el Ejército Rojo Japonés en el secuestro del personal de la embajada francesa, secuestro que terminaría trágicamente. Su conocimiento exhaustivo de seis lenguas le permite viajar por todo el mundo y pasar inadvertido, mientras comienza a ser considerado como el enemigo público número uno del capitalismo occidental. Los actos sangrientos se van acumulando en su trayectoria personal y en 1975, cumpliendo los planes trazados por un grupo alemán y árabe, secuestra a once ministros de la OPEP en Viena, que traslada a Argel en un avión. A cambio de dinero perdona la vida a dos de ellos.

A partir de la segunda mitad de la década de los setenta se pierde el rastro de Carlos, aunque posiblemente se escondiera en Hungría o quizá Rumania. En 1982, uno de sus más estrechos colaboradores y su novia son localizados y detenidos en Francia, lo que motiva a Carlos a amenazar a las autoridades galas con una acción armada. Poco después explota una bomba en un tren galo donde estaba previsto que viajara Jacques Chirac, atentado en el que mueren cinco personas y resultan heridas otras treinta. Los atentados prosiguen con cruentos resultados. Uno de los más atroces sucedió el 31 de diciembre de 1983, cuando dos bombas explosionan en la línea ferroviaria de alta velocidad París-Marsella y en la estación de Saint-Charles, situada en esta última localidad. Finalmente, las autoridades francesas optan por poner en libertad a su compañera Magdalena Knopp.

Tras la caída del muro de Berlín se sospecha que Carlos se refugió en Siria, y a partir de este momento su lucha ideológica pierde consistencia, aunque Carlos no deja de ser un terrorista y se vende al mejor postor. En la década de los noventa Siria le manda a Libia, pero en este país le rechazan, trasladándose finalmente a Sudán, donde abraza la religión islámica. Aunque colabora con la policía de este país, en 1994 es entregado a Francia. Tras ser procesado en París por algunos de los atentados cometidos es encerrado en la cárcel, siendo condenado en 1997 a cadena perpetua. También es reclamado por otros países como Libia o Austria, que le acusan de haber asesinado a compatriotas suyos.

Un terrorista de hoy: Osama Ben Laden

No es frecuente que la prensa consiga realizar entrevistas personales a los terroristas, más que nada por la imposibilidad para encontrar un lugar neutral donde efectuarla. Además, los gobiernos afectados no aceptarían con facilidad la exposición de sus justificaciones para realizar actos sangrientos de terrorismo, por lo que posiblemente existiera una censura previa para la publicación de sus alegatos. La que aquí presentamos es una excepción y fue realizada con anterioridad a los atentados a las Torres Gemelas.

El e de mayo de 2011, el presidente de Estados Unidos Barack Obama anunció de manera oficial la muerte del líder de Al-Qaeda, tras un operativo militar realizado por comandos estadounidenses en una residencia en las afueras de Abbottbad, Pakistán.

¿Es usted responsable de las bombas que estallaron en las dos embajadas norteamericanas en África?

El Frente Islámico Internacional para la *yihad*[15] contra Estados Unidos e Israel ha emitido, por

---

[15] *Yihad* es un término árabe que significa 'los máximos esfuerzos por parte de alguien para conseguir un objetivo determinado', siendo éste normalmente una lucha contra cualquier cosa que no sea buena. Existen, no obstante, dos tipos de *yihad*: el mayor (*al-yihad al-akbar*) y el menor (*al-yihad al-asgar*). El *yihad* mayor es también conocido como *yihad al-nafs,* y es entendido como una lucha interna, individual y espiritual, en contra del vicio, la pasión y la ignorancia. El *yihad* menor se define con el significado de guerra santa en contra de las tierras y súbditos infieles (no musulmanes.) La guerra santa es la única forma de guerra teóricamente permisible para el bloque más importante del Islam. Como para ellos la suya es la más importante y universal de las religiones, creen que el mundo entero debe someterse a su regla y ley, si no ya a su fe. Por eso la *yihad* contra los infieles es el deber de todo hombre musulmán, adulto y capacitado; y aquellos musulmanes que mueren en el *yihad* automáticamente se convierten en mártires de la fe y tienen prometido un lugar especial en el Paraíso.

la gracia de Dios, una *fatwa* (decreto religioso) terminante que ordena a la nación islámica llevar a cabo la *yihad* para liberar los lugares sagrados. La nación de Muhammad ha respondido a la llamada.
Si la instigación a la *yihad* contra judíos y norteamericanos, con el fin de liberar la mezquita de Al Aqsa y la santa Kaaba, se considera un crimen, la historia será testigo de que soy un criminal. Nuestra labor es instigar, y por la gracia de Dios así lo hicimos, y algunas personas respondieron a esa llamada.

¿Conoce a los hombres que han sido detenidos en relación con los ataques?
Lo que sé es que aquellos que han arriesgado sus vidas para complacer a Dios son verdaderos hombres. Han logrado librar a la nación islámica de la deshonra. Sentimos por ellos la más alta estima.

¿Cuál es su reacción ante el ataque contra Irak efectuado por fuerzas estadounidenses y británicas?
Sin ninguna duda, ese ataque a traición ha confirmado que el Reino Unido y Estados Unidos actúan en nombre de Israel y los judíos, y preparan el camino para que éstos

puedan dividir una vez más al mundo musulmán, lo hagan su esclavo y se apoderen de lo que queda de sus riquezas. Gran parte de la fuerza que realizó el ataque procedía de ciertos países del Golfo que han perdido su soberanía. Ahora los infieles se pasean por todos los rincones de la tierra en la que nació Muhammad y en la que le fue revelado el Corán. La situación es muy grave. Los musulmanes deben cumplir con sus obligaciones, porque los gobernantes de la región han aceptado la invasión de sus países, y esos países no les pertenecen a ellos, sino al Islam.

¿Qué puede esperar de usted Estados Unidos?

Todo ladrón o criminal que se introduzca en otro país con el fin de robar debe asumir el riesgo de ser asesinado en cualquier momento. La idea de que las fuerzas norteamericanas aguarden algo de mí, personalmente, refleja un punto de vista muy estrecho. Son miles de millones los musulmanes airados. Los estadounidenses deben esperar reacciones del mundo musulmán en consonancia con la injusticia que cometen.

Estados Unidos afirma que usted está intentando comprar armamento químico y nuclear.
Comprar armas para defender al Islam es un deber religioso. Si es cierto que he adquirido esas armas, doy gracias a Dios porque me haya permitido hacerlo. Y si estoy intentando comprarlas no hago más que cumplir con mi obligación. Para un musulmán sería un pecado no intentar lograr la posesión de las armas capaces de evitar que los infieles causen daño a su pueblo.

Estados Unidos intenta detener el flujo de dinero a su organización. ¿Lo ha conseguido?
Estados Unidos sabe que llevo más de 10 años atacándolo, por la gracia de Dios. Asegura que soy totalmente responsable de la muerte de sus soldados en Somalia. Dios sabe que nos habría complacido matar a soldados norteamericanos. Desde entonces, Estados Unidos intenta estrechar su cerco económico contra nosotros y detenerme, pero no lo ha conseguido. El cerco no nos causa demasiado perjuicio. Sabemos que Dios nos recompensará.

Existen muchos musulmanes que no están de acuerdo con su violencia.

Tenemos que entender nuestra religión por completo. La lucha forma parte de nuestra religión y de nuestra *sharia*. Quienes aman a Dios, su profeta y su religión, no lo pueden negar. El que niegue el menor principio de nuestra religión comete el pecado más grave en el Islam. Quienes simpatizan con los infieles -como la OLP o la llamada Autoridad Palestina- intentan desde hace decenas de años recuperar parte de sus derechos. Han dejado las armas, han abandonado lo que denominan violencia y han intentado la negociación pacífica. ¿Qué les han dado los judíos a cambio? No les han devuelto ni el 1% de sus derechos.

Apéndice
MEDIDAS DE SEGURIDAD

Para terminar, indicamos las nuevas medidas de seguridad que rigen en casi todos los aeropuertos del mundo, objetos que no se deben llevar al subir a un avión, bajo ningún concepto, ni facturado con el equipaje de mano.

Artículos peligrosos Material magnético. Productos anestésicos. Productos irritantes. Productos lacrimógenos.	**Líquidos inflamables** Bebidas alcohólicas. Recarga encendedores. Disolventes. Gasolina. Pintura.	**Sustancias comburentes** Agua oxigenada. Determinados abonos. Blanqueadores o limpiadores en seco.
Gases Aerosoles. Butano. Oxígeno. Aire comprimido. Recargas encendedores.	**Sólidos inflamables** Cerillas. Celuloide. Fósforo. Sodio. Carburo de calcio	**Explosivos** Barrenos, bengalas. Cohetes, municiones. Fuegos artificiales.
Corrosivos Ácido alcalino. Baterías. Mercurio. Reactivo. Sosa cáustica. Lejía.	**Radiactivos** Instrumentos y materiales médicos o de investigación que contengan fuentes radiactivas.	**Venenos/infeccio sos** Insecticidas. Matarratas. Productos químicos. Pesticidas/Herbic idas. Virus vivos, etc.
	Otros Tijeras,	

	aerosoles, limas metálicas, cortaúñas, bastones, cuchillas.	